JN410401

강경애 산문집

긴
악수를
나누다

1판 1쇄 인쇄 2015년 12월 21일
1판 1쇄 발행 2015년 12월 26일

지은이 강경애
펴낸이 우희정
펴낸곳 도서출판 소소리

등록 제300-2007-21호
주소 110-521 서울 종로구 혜화로35, 301-1호
(경주이씨중앙회빌딩)
전화 02. 765. 5663 / 010. 4265. 5663
e-mail sosori39@hanmail.net
홈페이지 www.sosori.net
값 12,000 원

ISBN 979-11-5891-044-0 03810
잘못된 책은 바꿔드립니다.

긴
악수를
나누다

또 다른
시작을 위해

내가 가는 길은 늘 멀고 험하다. 지름길도 있겠지만, 난 언제나 멀리 돌아서 늦게 도착하는 길을 택하게 된다. 그것은 타고난 성정 탓인가, 아니면 나에게 부여된 운명의 실타래가 나를 한 발짝 뒤처지게 인도하는 것인가.

이제 그 긴 길을 돌고 돌아서 그동안 풀어 놓았던 글들을 그러모아 또 한 권의 산문집을 상재하게 되었다. 너무 시간이 지나 퇴색된 글들도 있지만 불문하고, 내 여정을 내보인다. 몇 편은 미처 햇빛을 볼 수 없었던 그늘에서 발췌했다. 이 모든 것들은 또 다른 시작을 위한 발판이 되었으면 한다.

내게 있어서 이상과 현실은 늘 엇박자를 내지만, 내가 아끼고 사랑하는 가족들과 나를 조금이라도 아끼는 이들을 위해 좋은 의미로 남고자 한다.

2015년, 겨울의 문턱에서

운정(芸庭) 강경애

몌별
이라면

긴 악수를
나누다

가을 속으로 지다

섬 속의 섬

1 · 메별이라면

그는 그곳에 있었다

나는 오랜 세월 동안 마음속에 품고 있던 그를 만나러 먼 길을 떠났다.

좀 더 정확히 말하면 그를 만나기 위해 떠났다기보다는, 나에게 꿈을 심어준 그의 나라를 보기 위해 간 것이다. 참으로 거기까지 가기에 나는 수많은 나날 동안 신산한 삶을 살며, 속절없이 세월을 보내면서 마음속 깊숙이 묻어 두었던 타임캡슐을 꺼내게 되기를 간절히 바라고 바랐다.

그렇게 이끼 낀 시간들을 보내고 나니, 어느덧 나에게도 품고 있는 희망을 펼칠 날이 오게 된 것이다. 그래서 나는 먼 길을 떠날 수 있게 되었다.

내가 그를 안 것은 중학교 때였다. 그는 펜팔로 알게 된 잘생긴 영국 남학생이었다.(그 당시는 컴퓨터가 보급되지 않았기에 편지로 하는 펜팔이 유행했다)

유년 시절부터 책을 좋아하고 호기심이 유난히 많았던 나는 국사와 세계사를 좋아해서 시공을 넘나들며 상상 속에 빠져들기를 즐겨했다. 그리고 교과서와 참고서를 보는 틈틈이 세계문학전집이나 학생잡지 등을 보면서 다른 나라를 동경했다. 그때 마침 학생잡지의 뒷부분에 있는 '해외 펜팔'이란 글자가 내 시선을 잡아끌었다. 그곳에는 외국에서 펜팔을 원하는 사람들의 사진과 주소가 실려 있었다. 나는 그 사진을 보고 내 느낌에 맞는 두 나라의 학생을 선택해서 펜팔을 하기로 했다. 영국과 알래스카 학생들이었다.(왜 그 추운 알래스카였을까는 잘 기억이 나지 않는다.)

나는 그날부터 열심히 영어사전을 보며 편지를 써서 틈만 나면 우체국으로 달려가곤 했다. 주로 영국 남학생과 편지를 주고받았다. 알래스카 학생과는 너무 거리가 멀어서인지 소식을 주고받기에는 시간이 많이 걸려서 차츰 멀어졌다.

영국에서는 답장이 자주 왔다. 그 학생은 나보다는 학년이 높은 이유도 있었지만 성품이 좋은지라 친절하게도 그 나라의 풍경과 풍습, 그리고 도시와 건축물들에 대해서 자세히 설명해 주었고, 가끔 그곳의 사진도 동봉해 주었다. 그리고 언젠가는 꼭 오라는 초대의 말도 잊지 않았다.

그럴 때마다 나는 '꼭 가야지, 가야지…' 하며 마음속으로 다짐하며 여행의 꿈을 키웠다. 그러나 그게 어디 쉬운 일이던가. 지금이야 시간과 돈만 있으면 훌쩍 떠날 수 있지만, 그 당시는 외국 여행이 결코 쉬운 일이 아니었다.

아쉽게도 여러 가지 이유로 인해 그 멋진 남학생과의 펜팔은 계속 이어지지 못했다. 그래서 더 그가 있는 나라에 가고 싶었는지도 모르겠다. 아무튼 그때부터 나는 영국에 대한 그리움을 가슴 한켠에 간직하고 언젠가는 꼭 가보리라는 마음을 다졌던 것이다. 그래서인가, 나는 그 나라에 관한 것은 무엇이든 긍정적으로 받아들이고 좋아하고 호기심을 가지면서 친근감을 키우며 살았다.

보들레르는 가정적으로 불행했던 탓으로 집을 나와 떠돌면서도 항시 어딘가로 떠날 꿈을 꾸며 살았다. '어디로라도! 어디로라도! 이 세상 바깥이기만 하다면!' 그는 또 이렇게 부르짖었다. '열차야, 나를 너와 함께 데려가다오! 배야, 나를 여기서 몰래 빼내다오! 나를 멀리 데려 가다오. 이곳의 진흙은 우리 눈물로 만들어졌구나!'

집보다는 여행을 하다 잠시 머무르는 곳에서 더 편안함을 느꼈다는 보들레르. 그렇게 떠나고 싶을 때마다 공항버스를 타고 공항에 나가 활주로를 하염없이 쳐다보며 마음을 달랬다던 보들레르.

나도 그렇게, 떠나기 위해서 떠나고 싶었다.

내가 떠날 수 있게 되기까지에는 너무 오랜 세월이 지났지만, 내 꿈의 타임캡슐이 열리면서 처음 발을 디딘 곳은 당연히 꿈에 그리던 영국이었다.

저녁 무렵에 도착한 히드로(Heathrow) 공항은 변두리 쪽이라 좀 협소했지만 그건 내게는 아무런 장애도 되지 않았다. 다만 그가 있는 영국에 도착했다는 것만으로도 내 가슴은 벅차올랐기 때문이다.

나는 마치 연인을 만나러 와서 그의 품에 안기려고 하듯이 공항 안을 이리저리 둘러보며 그를 찾았다. 그러나 그는 그곳에 없었다. 아니 그 장소에는 없었지만, 내 마음속에서 선연히 모습을 드러내고 나를 반기며 말했다.

"드디어 왔구나. 오랫동안 기다렸는데… 반가워, 그리고 보고 싶었어…

내 나라에 왔으니까 여기 있는 동안에는 내가 항상 네 옆에 있을게…."

나는 그날 저녁부터 그와 함께 있었다. 저녁나절, 숙소인 호텔 주변을 산책할 때도 그는 내 곁에서 나를 안내하며 내가 영국을 느낄 수 있도록 마을 곳곳을 보여 주었다. 내게는 낯설지만 정겨운 분위기의 이국땅에서, 나는 지금의 나를 잊고 그 옛날의 나를 찾았다.

그 다음날부터 나는 그가 예전에 자신의 나라에 대해 설명해 주었던 곳들을 아스라한 기억 속에서 끄집어내며 바쁘게 움직였다.

타워 브릿지, 버킹검 궁전, 빅 벤, 웨스트민트 대싱당… 대영 박물관 등을 정신없이 다녔다. 그 나라의 풍경 속에 그는 늘 나와 함께 있었다.

대개의 사람들은 여행기를 쓰기 위해 여행을 하기도 하고, 또 낯선 나라의 풍광을 보기 위해 여행을 하지만, 나는 과거로의 회상을 위해 여행을 떠나 이곳에 온 것이다.

그러나 나는 이제 과거에서 벗어나기 위해, 템스 강가에 서서 검푸른 강물을 바라보며 그를 놔주기로 했다. 오랜 세월 동안 그를 마음속에 두고 있었기에 오늘에 이르렀고, 그리고 한 번 꼭 오겠다던 그와의 약속을 지키게 되었기에 이젠 그를 떠나보내기로 한 것이다.

그를 보내는 날은 비바람이 몹시 불어서 템스 강가에는 인적이 드물었고 여행객들도 보이지 않았다. 다만 강물만 비바람에 몹시 흔들리고 있었다. 마치 내 마음처럼….

(

메별이라면

마음의 치료사

나는 마음이 울적할 때마다 만화경을 들여다본다.

그 만화경 속의 세상은 아무리 너절한 사물이라도 형형색색의 색깔이 입혀져 있어 아름답게 보인다. 또 여러 각도를 달리해서 보이기에 그것을 들여다보고 있으면 그 오묘하고도 신기한 모습에 정신이 팔려, 세상의 칼날에 베어 상처받았던 마음이 나도 모르는 사이에 서서히 정화되어 편안해진다. 그러기에 나는 이 만화경을 서랍 안에 깊숙이 넣어두고, 나를 만나고 싶을 때마다 귀중품을 다루듯 꺼내서 들여다보며 혼자 좋아하고 놀라워하면서 마음을 치료한다. 내게는 그 만화경이 카운슬러역할을 하고 있는 것이다. 말보다는 보고 상상하는 것으로.

나는 이 만화경을 지난 겨울에 일본 오타루의 오르골박물관에서 만났다. 그 박물관에는 많은 종류의 오르골들이 전시되어 있었다.

아른아른한 불빛 아래서 음악소리를 내며 눈부시게 빛나던 여러 모양의 오르골들. 1층 매장은 물론이고 2, 3층으로 올라가는 나무 계단에도 갖가지 오르골들이 춤추며 시간을 알리기도 하고 노래를 들려주기도 하면서 손님들을 맞이했다. 그곳은 마치 동화 속에서 보는 작은 오르골 왕국 같았다.

그래서 나는 동화 속으로 들어가 이것저것을 구경하고 있는데, 그때 내 눈길을 잡아끈 것이 이 만화경이었다. 손 안에 쏙 들어갈 정도로 예쁘고 작은 원통형의 이것이 무언가하고 호기심으로 집어 들었더니, 그곳의 점원이 '만화경'이라고 친절하게 설명해주며 내 눈에 대주었다.

와우! 그 순간, 그 안에서는 다른 세상이 보였다. 뭐랄까, 눈꽃의 결정체를 보는 것 같기도 하고, 기하학의 다면체에 색깔을 넣은 것 같기도 한 신기한 무늬가 끝없이 펼쳐지는 것이었다. 실제로는 색유리 조각의 영상이 거울에 비쳐 기하학적인 대칭무늬를 보이는 것이라지만, 내가 볼 때에는 그런 과학적 의미보다는 상상력을 무한히 키워주는 아주 색다른 볼거리였다. 아무튼 내가 그것을 사게 된 것은 들여다보는 재미 때문이었지만, 언제부터인가 그 만화경은 내 마음의 치료사가 되었다.

나는 적잖은 나날을 살아냈음에도, 아직도 타인의 말 한마디와 가벼운 행동에 마음을 쉽게 다치고 고통스러워하며 잠을 잘 이루지 못하는 날이 허다하다. 타인에 의해 위축된 내 마음을 다스리지 못하고 기억의 신경돌기를 자꾸 회전시키며 마음을 잡지 못하는 것이다.

그리고 내 속에 무엇을 담기에는 워낙 그릇이 작아서인지 큰 것보다는 사소한 것에 목숨 걸듯 매달린다. 그럴 때마다 나는 내 자신을 질책하며 사소함에서 벗어나려고 애쓰지만 그것이 마음대로 되지 않아서, 내 고통의 무게는 더욱더 저울추를 무겁게 한다.

일본의 코이케 류노스케 스님은 '생각하지 않고 오감으로 느끼면 어지러운 마음이 서서히 사라진다'고 『생각 버리기 연습』에서 말하고 있다. 그리고 그는 오감을 갈고 닦아 실제적인 감각을 강화시키라고 한다. 그것은 마음의 치료를 위한 처방으로는 선문답 같은 해답이라고 할 수도 있지만, 내가 지금 만화경을 보면서 마음을 치료하는 것도 같은 맥락이 아닌가 한다. 버린다는 것은 생각을 하지 않으면 되는 것인데, 마음은 물건이 아니기 때문에 버리기보다는 그 생각을 다른 것으로 돌려 잊도록 하는 것이다.

한 곳에 마음을 빼앗기는 것은 나를 잊고, 새로운 나를 찾는 작업이다. 그것은 한 가지 일을 여러 각도로 생각할 수 있는 것처럼, 만화경 속을 들여다보고 있노라면 꼬였던 마음이 형형색색의 옷을 입고 여러 모양으로 변하면서 타인의 마음도 차츰 이해가 되는 것이다. 그러므로 만화경은 마음을 변화시키는 스펙트럼이라고 할 수 있다.

나는 앞으로도 종종 밤이 이슥해지면 내 서랍을 열고 이 작은 만화경을 꺼내들 것이다. 그리고 그 기하학적인 대칭 무늬를 들여다보며 낮 동안에 다친 내 마음을 정화시키고, 내게 비수를 들이댄 사람의 마음도 헤아려 그 아름다움 속으로 끌어들일 것이다. 그 현란한 색채 속으로.

겨울을 사랑한 보헤미안

겨울의 신 울레르가 북극의 찬바람을 몰고 오고, 눈 구두의 여신인 스카디가 은백색의 하얀 가루를 세상에 마구 뿌려댄다. 이 무량의 눈송이들은 서로 가볍게 엉키고 풀어지면서 춤추듯이 내려와 대지를 촉촉하게 적신다.

이런 날 아침이면, 내가 어디서 왔고 어디로 가며 또 무엇 때문에 세월을 보내고 있는지 모두 다 망각의 강물에 떠내려 보내고, 그저 현존하고 있는 것으로만 의미를 두고 싶어진다. 모든 집착에서 벗어나고 싶은 것이다.

그러나 눈이 안겨 주는 정신적 무게는 보이는 것보다 무겁다. 생각을 키우기 때문이다. 물체의 존재가 무겁다고 사유의 비중이 크고 작다고 작은 것이 아니듯, 모든 것은 물질과의 함수관계와는 상관없이 의미의 비중이 달라지기도 한다. 완전함은 불완전함과 다를 것이 없고 충만함은 빈 것과 다름없다는 선문답처럼, 말과 글의 틈새에서 불꽃같은 진리를 깨닫게 되는 것과 같다.

눈이 내리는 거리를 망연히 바라보니, 눈송이를 밟으며 정신의 이탈을 위해 현실에서 벗어나 어딘가 이름 모를 곳으로 떠나고 싶다. 내 가슴 속을 억누르고 있는 욕심도, 욕망도 모두 다 내던져 버리고 순수의 모습 그대로 새로운 마음으로 새 장소에 서 있고 싶다. 무념무상의 영혼으로 낯선 곳에서 풍광을 감상하며 눈 속에 묻혀 버리고 싶은 것이다.

이런 생각에 빠지다 보니, 유난히 이 계절을 좋아하시고 특히 눈이 내리면 그때부터 심장이 두근거린다던 K교수님 생각이 난다. 그 교수님은 마치 겨울을 만나기 위해 다른 세 계절을 보내시는 분 같았다. 그는 그렇게늘 겨울을 기다렸다. 그렇다고 해서 겨울 스포츠를 좋아하시거나 직접 하실 연세는 아니고, 그 이유는 따로 있었다.

워낙 예전부터 겨울을 좋아하시기는 했지만 당신이 말씀하신 바로는, 보리스 파스테르나크의 소설을 영화로 만든 「닥터 지바고」를 보시고 너무 감동한 나머지 그 매력에 푹 빠지셨다고 했다. 그리고 그때부터 겨울을 더 좋아하게 되어 그 영화가 담긴 비디오를 백 번 정도는 보셨다는 것이다.

물론 그 원작인 책도 좋지만 교수님은 설원이 펼쳐지는 러시아의 풍광과 자작나무 숲, 그리고 테마 음악이 너무 좋고, 지바고가 라라와 토냐를 찾아 헤매는 장면은 보실 때마다 눈물을 흘리신다고 했다. 특히 지바고가 전차 안에서 밖을 내다보고 있을 때, 오랫동안 헤어져 만나지 못했던 라라가 거리를 지나가는 것을 보고 뒤쫓아 가려다가 숨이 막혀 절명하는 장면에서는 너무 안타까워 당신 가슴도 막혀 버릴 것 같다고 하셨다.

우리는 수필에 대한 이론을 공부하다말고 다 알고 있는 그 이야기를 듣고 또 들으면서 교수님만 바라보았다. 마치 당신이 지바고가 되어 라라를 찾아 헤매시는 듯한 그 표정은 근엄한 교수님과는 전혀 어울리지 않는 서정적인 모습이었지만, 감히 어느 누구도 그 분위기를 깰 수 없었다.

무엇보다 그 영화가 얼마나 좋으면 같은 장면들을 백 번씩이나 볼 수 있는지 놀라워 조금 거짓이 섞인 것 같기도 했지만, 비디오테이프가 너덜너덜해져서 잘 안 나올 정도로 보셨다니 믿지 않을 수가 없었다.

그렇게 러시아의 풍광에 깊은 애정을 보이시던 교수님은 그곳에 가서 오랫동안 살다가 왔으면 좋겠다는 말씀을 자주 하셨다. 잠깐 여행을 다녀오시기는 했지만 어떤 목적을 두고 오랫동안 가서 계시기를 바라셨던 것이다. 그러더니 마침내 소원이 이루어져 러시아가 K교수님을 불렀다. 교수님은 칠십이 넘은 연세였지만 러시아 국립대학 한국학 교수로 가시게 된 것이다. 한국에서의 모든 것을 버리더라도 그곳에서 남은 여생을 보내고 싶어 하더니 소원을 이루게 되신 교수님은 너무 기뻐하셨다. 물론 가족들은 극구 반대를 했지만 기어이 홀로 훌쩍 가버리셨다.

그러고서 K교수님은 그곳에서 여러 해 동안 근무하시며 지내셨다. 가끔 메일을 주고받으며 안부를 물을 때마다, 러시아에 와서 자작나무 숲을 보고 글도 쓰고 눈 내리는 벌판에 가서 라라를 찾아다니자며 빨리 오라고 하셨다. 그때마다 제자들은 언제든 가겠다고 하면서도 늘 공수표를 날리면서 지내다 보니 세월은 더께를 더해가고 차츰 연락도 끊겨 버렸다.

그 뒤 몇 번의 겨울이 지나고 나서 나는 여러 다른 사람들과 함께 러시아로 여행을 갔다. 그러나 K교수님이 계시는 그 국립대학 근처까지 가기는 했으나 시간 관계상 그 학교에 들를 수 없어서 그냥 오게 되었다. 가까이 학교가 보이는데도 그냥 발길을 돌린 것이다. 그때 교수님께 찾아갔으면 매우 반가워 하셨을 텐데 하는 생각을 지금도 가끔 하고 있다.

그것은 이제는 교수님이 이승에 안 계시기 때문이다. 뒤늦게 예전에 같이 공부하던 사람에게 전해들은 바에 의하면, 몇 년 전에 건강에 이상이 생겨서 귀국하신 뒤 요양원에서 계시다 돌아가셨다는 것이다.

다행히 그동안 러시아 국립대학에서 우리 문학을 알리시느라고 많은 일을 하셨다고 한다. 러시아어와 한국어로 번역된 책도 여러 권 출판하시고 강의도 하시면서, 러시아의 풍광 속에서 남은 여생을 보람되게 보내신 것이다.

눈 내리는 새벽거리의 모습은 왠지 아름다우면서도 눈물겹다. 그것은 흰색의 색채가 주는 시각적이고 정서적인 감정 때문이기도 하지만, 어느 시인의 말처럼 '잃어버린 추억의 조각' 같기에 슬픔의 감정이 생기는 것이다. 또한 생은 항상 이율배반적이고 사람의 감정도 이와 다르지 않기에 그럴 것이다.

오늘따라 유난히 구부정한 어깨와 큰 키에 늘 바바리를 걸치고 다니시던 보헤미안, K교수님의 모습이 러시아의 설원에 오버랩되며 그리움에 사로잡힌다. 아마도 너무 자주 공수표를 날린 죄송한 마음 때문일 것이다.

눈송이는 날이 밝아질수록 점점 커지고, 세상은 조용히 하품을 하면서 몸을 서서히 일으킨다.

(

메벨이라면

점괘,
그리고
내비게이션

예전에 점(占) 보는 것을 유난히 좋아하던 친구가 있었다. 그 애는 하루가 멀다 하고 유명하다는 점집은 다 찾아다니며 신수(身數)와 명운(命運)을 보러 다녔다. 점술가마다 점괘(占卦)가 달리 나오는 것이 재미있다고 하면서 지나간 운명을 되새겨 보기도 하고 앞으로의 일을 넘겨다보기도 했다. 나 역시도 호기심이 생겨 내 미래를 점쳐 볼까하는 마음이 있었지만 왠지 두려운 생각이 들어 친구가 동행하자는 것도 애써 마다했다. 그러다가 어느 날, 나는 친구의 손에 이끌려 나이가 지긋한 점술가 앞에 앉아서 내 미래를 예시 받게 되었다.

"팔자가 세겠어. 만나는 사람이 있긴 한데… 쯧쯧, 안 되겠어. 그 집에서 막아."

"네… 왜…요?"

"방법은 있어. 부적을 쓰면 돼."

그즈음 만나고 있던 사람과의 사이가 좀 뜨악하던 터라 그 점술가의 말은 내 뒤통수를 벼락으로 내리치듯 했다. 그러자 나의 뇌리에는 지난 나날이 전광석화처럼 스치고 지나가며 마음에 걸렸던 일들이 고개를 쑤욱 내밀고 좌우로 흔들어대기 시작했다.

'아, 그래서 그가 나를 멀리 하려고 했던 거였구나, 어쩐지 좀 이상하다고 했어.'

그는 좀처럼 내재된 감정을 드러내지 않는 사람이라 그 속마음을 전혀 알 수가 없었기에 나는 무의식적으로 점술가의 말에 현혹된 것이었다.

하지만 나는 부적을 해야 그 액(厄)을 막을 수 있고 그와의 사이가 좋아질 거라는 점술가의 말대로 하지 않았다. 무엇보다 부적을 해서 사람의 마음을 붙들어 매놓는다는 것에 대해 자괴감이 앞섰고, 더불어 부적 값도 터무니없이 비쌌기에 거절해 버렸다. 옆에 같이 있던 친구는 내 옆구리를 찌르며 부적을 하라고 나를 부추겼지만, 나는 이래저래 불쾌감이 엄습해서 부리나케 그 점집을 나와 버렸다.

그런데 이상하게도 그 뒤부터 급속도로 그와의 사이가 내리막길로 치닫게 되었다. 무슨 일이든 내가 먼저 사사건건 트집을 잡고 나툼을 유도했으며, 공연한 일에 과잉 반응을 보여 거리감을 느끼게 하였다.

모르는 게 약이라는 말처럼 차라리 그 점술가의 말을 듣지 않았더라면, 어떤 불화가 생기더라도 만남에 따르는 수순이라고 가볍게 넘겼을 일들도 '어차피 깨질 인연인데 잘하면 뭐하나' 하는 생각이 먼저 들었던 것이다. 그래서인지 사소한 일을 계기로 해서 나는 그에게 향한 마음을 놓아버렸다.

아, 어리석은 내 좌뇌여!

그러고 보면 나는 점술가의 말을 믿지 않는다고 했으면서도 그 친구와 다름없이 완전 신봉하고 있었던 것이다. 결국 인연은 필연으로 이어지지 못하고, 시절인연으로 끝나고 말았다. 이처럼 내 스스로 부정적인 인생길을 유도했던 것은 그에 대한 신뢰감이 부족해서였다. 사람과 사람 사이에서 최고의 덕목이라고 할 수 있는 믿음이 와해된 것이다.

그래서인가, 그 일은 아직도 해독하지 못한 내 인생의 블랙박스가 되어 나를 과거의 한 시점으로 이끌어 내기도 하고, 때때로 가지 않은 길에 대한 궁금증과 점술가의 말을 믿어볼걸 그랬나하는 후회에 마음을 흠뻑 적시기도 한다.

이처럼 지나간 한 생을 돌이켜 보게도 하고 예시하기도 하며 인생의 방향을 유도하는 점술은, 믿을 수도 안 믿을 수도 없도록 유혹과 의혹의 눈길을 보내는 것이다.

그런데 언제부터인가, 나는 어이없게도 자동차에 부착하는 내비게이션과 점(占)을 같은 맥락이라고 생각하게 되었다. 물론 혹자에 따라서는 전혀 이질적인 그것들을 연관시키는 것 자체가 어불성설이라고 말할 것이다. 과거를 짚어주고 미래를 예시해 주는 점술과 운전자가 가고자 하는 길을 안내해주는 내비게이션은 전혀 다른 이미지이기 때문이다. 그러나 생각의 폭을 넓혀 보면, 기능면에서는 비슷하다는 생각을 아니할 수 없다.

“우측 50미터 전방에서 좌회전 하세요, 이 지점은 위험구간이니 조심하세요.”

내비게이션에서는 고운 목소리의 여자가 쉼 없이 친절하게 안내를 해주며 길을 유도한다. 한눈을 팔 수도 없다. 금세 경고를 내리기 때문이다.

나는 이런 기특한 내비게이션을 볼 때마다 내 인생도 멀고 험한 길을 피해 빠르고 편안한 길로 안내받으면서 살면 좋겠다는 생각을 하곤 한다. 이 기계는 부적을 필요로 하지도 않고, 그 말이 정말 맞을까하는 의심을 할 것도 없이 과학의 힘만 빌린 것이기에 그야말로 안성맞춤인 것이다.

'20미터 지점에서 좌회전하세요. 그 길로 가면 운수대통하고 인생이 밝아집니다. 그 사람은 피해가세요. 그와 엮이면 인생에 먹구름이 끼어 위험천만한 일을 겪게 됩니다. 2미터 앞에서는 반드시 우회전하세요. 필연으로 만날 사람이 거기에 서 있습니다.'

그러나 이렇게만 된다면 더할 나위 없는 인생이 펼쳐지겠지, 하면서도 이내 고개를 젓게 된다. 그것은 누군가 내 앞길을 예시해 주는 대로 간다면, 과연 그것이 잘 살아가는 것일까 하는 의문이 생길 것 같아서이다. 또 내비게이션의 지시대로 앞길을 뻔히 알게 되면 미지의 세계, 상상의 세계가 그만큼 사라지기 때문에 희로애락애오욕(喜怒哀樂愛惡慾)의 칠정(七情)을 제대로 맛볼 수 있을까 하는 아쉬움도 있을 것 같다. 이러한 과정을 거치는 것이 인생이기 때문이다.

나는 치기 어린 시절이 지난 뒤부터 점술을 믿지 않는다. 아니 애써 믿지 않으려고 일부러 찾아가서 보거나 하지 않으며, 새해에 보는 토정비결은 물론 하루의 운세를 점치는 일까지도 마다한다. 좋은 일이라면 몰라도 부적을 써야 할 정도로 나쁜 일이라면 그것에 얽매여서 애써 가꾸어 놓은 일들을 망칠까봐 피해가는 것이다.

인생은 도전과 모험이다. 탄탄대로를 걷는다면 더욱 좋겠지만 내비게이션이 없는 도로를 이리저리 물어가며 찾아가 보는 것도 작은 기쁨이듯, 정해진 수순대로 앞길이 펼쳐진다면 인생의 큰 의미는 없을 것이다. 그렇다고 고생을 일부러 하고 싶지는 않지만 불쑥 튀어 나온 돌에 무릎이 깨지더라도, 살아지기보다는 살아간다는 의미로서의 인생이 더 값지고 보람되지 않을까 생각한다.

나는 오늘도 점괘와 내비게이션이 없는 빈손으로, 미지의 길을 향해 차근차근 발걸음을 옮기고 있다. 남아있는 짧고도 먼 인생길을 향해서.

선물

언제부터인가, 로또가 서민들에게는 주말의 명물이 되어 한 주 동안의 피로와 나른함을 달래주는 희망과 설렘의 아이콘으로 급부상했다. 지금은 예전보다는 그 열기가 많이 사그라지기는 했지만 아직도 주말이 가까워오면 로또복권을 사려고 문전성시를 이루고 있는 가게들이 있다. 그런 곳은 주로 한두 번이나 서너 번 정도 당첨자가 나온 적이 있다는 소문난 판매점이다. 복은 복을 부른다는 생각으로 그런 판매점을 찾아가기는 하지만, 어디 그렇다고 운이 누구에게나 오는 것이라던가. 큰 복은 하늘이 내린다고 했으니 공연히 무리하게 주머니를 털어 로또를 왕창 샀다가는 화를 부르기 십상이다.

일반적으로 생각할 때 로또복권은 손쉽게 일확천금을 노리는 사행성 도박으로만 알고 있다. 그러나 1000원짜리 로또를 팔면 500원은 당첨금으로 들어가고 나머지 500원 중에서 일부는 공익사업에 쓰이는데, 그 사업이라는 것이 서민주거 안정 지원, 소외계층 복지지원, 보훈 복지지원, 문화예술 진흥, 재해 재난지원 등으로 쓰인다고 하니 누이 좋고 매부 좋은 일이 아닐 수 없다. 그래서 '나눔 로또'라고도 하고 '절반의 행운, 절반의 기부'로 광고가 나오기도 한다.

하기야 그런 세세한 부분까지 알고 사는 사람이 어디 있으랴. 일확천금을 노리는 것이 대부분 서민들의 생각일 테니까. 그러나 그런 돈을 노린다고 해서 죄가 될 것도 아니지 않은가? 남의 돈을 훔치는 것도 아니고 사기를 치는 것도 아니다. 당당하게 내 돈 주고 사서 운이 좋아 대박이 터지면 돈벼락을 맞는 것이 아니던가.

그런 의미로 시작된 로또복권이기는 하지만 갈수록 서민들의 희망이자 불안이자, 행복이고 불행이 되었다. 매주 주말마다 행운을 점치는 수많은 사람들이 로또에 울고 웃는다.

그러나 서민들에게 부(富)를 유혹하는 로또는 일주일 동안 즐거운 상상에 젖어 힘든 일상을 잊어버리게 하기에 구태여 끊을 필요 없는 좋은 의미로서의 사행성 도박이다. 그러기에 세계 어느 나라이든 복권의 상거래가 계속 되는 것이리라.

예전에 둘째 남동생이 한동안 로또복권에 빠져 살았다. 당시 결혼 2년 차였던 동생은 적은 월급에 용돈이 궁했던지 요행을 기대하고 푼돈만 생기면 로또복권을 여러 장씩 사서 항상 희망을 가슴 속에 품고 다녔다. 그렇듯 머리와 가슴에 품고 있는 희망은 매주 며칠 동안 그가 어깨를 쫙 펴고 다니게 해주었고, 신바람날 것도 없는 그의 일상에 보랏빛 날개를 달아 주었다.

어느 날인가, 우리 다섯 남매들은 오랜만에 만나서 식사하고 지난 이야기들을 나누다가 각자 헤어질 시간이 되어 서로 인사말들을 나누고 있었다. 그때 복권 마니아인 그 둘째가 갑자기 잠바 안주머니에서 지갑을 꺼내더니 느닷없이 로또복권을 여동생 둘에게 한 장씩 나누어 주었다. 맏이인 나와 바로 위의 형은 빼고 여동생 둘에게만 준 것이다.

그런데 날씨 탓인지, 아니면 혹시라도 당첨이 된다면 그때 일어날 파급효과 때문인지 내 눈에는 동생의 손이 가늘게 떨리는 듯 보였다.

"이기 아까 오다가 산거야. 줄 건 없고 이거라도 오랜만에 만난 선물로 줄게. 내일 모레 추첨이니까 잘 살펴 봐."

남동생은 친절하게 부연 설명까지 하며 좀 멋쩍은 듯 어설프게 웃었다. 여동생들은 난데없이 받게 된 복권선물에 헛웃음을 날리며 잠시 당황해하는 것 같았다. 그러더니 셋째 여동생이 한마디 했다.

"혹시 당첨되면 어떻게 해, 오빠?"

그 애는 아직 복권에 대해 잘 모르는 나이인지라 당첨이 쉬운 것으로 생각한 것이다. 둘째는 당혹해 하는 눈빛으로 잠시 주춤하더니 느릿하게 말했다.

"선물로 주는 거니까 니들이 알아서 해. 당첨돼도 돈을 달라고 하지는 않을 거야. 다 자기 운인데 뭘."

그러더니 서로에게 인사를 하고 서둘러 가버렸고, 남은 우리도 각자의 생활로 돌아갔다. 그 뒤로 두 여동생들에게 그 복권에 대해서 물어본 적은 없었지만, 그들이 잠적하지도 않았고 돈 보따리를 거머쥔 것 같지도 않았으니 안 맞은 건 뻔했다. 어디 천운을 타고 나기가 쉬운 일이던가.

그런데 나는 가끔 그 뒤로도 그 일이 생각나곤 했다. 만약 그날 남동생이 선물로 준 로또가 당첨되었다면 과연 어떻게 되었을까? 이성적으로는 나눠가지는 것이 정당한 일이지만, 과연 그것이 교과서대로 되는 일일까? 그렇게 눈먼 돈은 의외로 사람을 눈멀게 만드는 것을 가끔 뉴스에서 보고 있지 않은가.

로또 때문에 금실 좋은 부부도 다툼으로 갈라서고, 갑자기 거금을 받고 놀란 사람은 돈 관리를 하지 못해 그 돈을 도박이나 유흥비로 흐지부지 낭비하다가 급기야는 구치소에까지 가는 일도 있지 않은가? 물론 이런 경우는 예외이겠지만 요행으로 번 돈은 인간을 눈멀게 만드는 확률이 큰 것이 분명하다. 그러기에 로또가 된다면 좋겠지만 안 된다고 아쉬워할 것도 없다.

나는 지난해에 서너 달 동안 일주일에 한 번씩 꼬박꼬박 로또를 샀었다. 다행스럽게도 천 원짜리가 서 너 번, 또 만 원짜리가 당첨되어 그 돈으로 열장을 바꾸었으나 모두 꽝이었다. 잠시 부풀었던 희망의 풍선이 터지면서 아쉬움만 남겼다. 그 뒤로는 목돈이 필요할 때마다 '로또를 사야 돼!' 하면서도 사지 않았다. 내게는 천운이 오지 않을 것이라는 생각이 나를 기죽게 했기 때문이다.

하지만 '혹시나!' 하는 기대는 나로 하여금 가끔 로또 판매점 앞에 서게 한다. 둘째 동생이 아직도 로또 마니아로 살면서 희망을 버리지 않듯이, 나도 가끔은 어깨에 날개를 달고 일주일을 보내고 싶다. 그것은 내가 나에게 주는 정신적인 선물이니까.

가슴으로 느끼는, 카를교

'다리는 하늘과 땅을 연결하는 상징'이라고 믿었기에 반드시 신부(神父)가 건설했다는 로마인들의 이야기가 있다.

여행을 하노라면 많은 다리를 보고 또 거치게 되기에 자연히 많은 관심을 가지게 된다. 또한 다리는 대체로 본래의 목적을 중시하면서도 첨단의 기술력과 디자인을 바탕으로 건설되기에 아름다운 다리들이 많이 있다. 하지만 일반적으로는 정서를 바탕으로 하기에 많은 예술가들이 즐겨 찾는 만남과 이별의 오브제가 되고, 또 '애수'의 워터루 브리지처럼 영화 속의 한 장면으로 나와서 유명해진 다리도 있으며, 역사적으로 전쟁의 승리를 기념하기 위해 세운 다리 등, 나름대로의 사연이 있기에 흥미를 느끼게 된다.

몇몇 나라들을 여행하면서 적잖은 다리를 만났지만 그 중에서 내게 가장 인상 깊었던 다리는 오슬로의 비겔란 공원에 있는 석조다리(사실 이 다리는 인공호수 위에 있는 것으로서 그리 길지 않다)와 한 권의 성서라고 할 수 있는 프라하의 카를다리이다.

우선 비겔란 공원으로 들어가는 입구의 석조 다리 위에는 인간과 인간이 서로 만나서 사랑하고 결혼해서 아이를 낳고, 한 평생 살아가는 이야기를 하나하나 풀어서 만든 조각상들이 죽 놓여 있다. 그 안으로 이어지는 공원에는 인간의 탄생에서 죽음에 이르기까지의 인간이 겪는 희로애락을 화강암과 청동으로 조각해 놓은 노르웨이 조각가 비겔란의 작품, 212점이 놓여 있다. 그러므로 그 다리를 지나가면 누구나 다시 한 번쯤은 지나온 생을 되돌아보게 되고, 앞으로의 삶을 생각해 보게 되기에 겸허한 마음을 지니지 않을 수 없게 된다. 다시 말하면, 다리를 건너가면서부터 공원 안으로 갈수록 지금껏 살아온, 앞으로 살아갈 인생길에 대해 깊이 생각하게 된다는 것이다.

그러나 무엇보다도 두고두고 생각나는 것은 프라하에 있는 카를교이다. 그 역사가 천년을 넘어선다는 이 다리는 프라하의 구시가지와 프라하 성을 연결하는 중요한 기능적인 역할을 하며, 모진 세월을 견디면서도 묵묵히 흐르고 있는 블타바 강 위에 굳건히 서서 프라하 성을 바라보고 있다. 멀리서, 또는 가까이서 성을 지키는 파수꾼처럼.

카를 4세의 이름을 따서 붙였다는 석조로 된 그 다리는, 타의 추종을 불허하는 디자인이나 화려함을 자랑하는 다리들과는 전혀 다르게 30명이나 되는 성인들의 조각상이 삼각의 난간마다 즐비하게 세워져 있다. 그러므로 그 어떤 적이 쳐들어 와도 칼이나 총이 아닌 위엄과 기도로써 프라하 성을 지켜줄 것 같아, 보기만 해도 믿음의 충만함으로 마음이 편안해진다.

사실, 체코의 프라하를 떠올리면 다른 무엇보다 우리에게 친숙한 '카프카'와 밀란 쿤데라의 소설 「참을 수 없는 존재의 가벼움」과 그 책을 소재로 한 영화, 「프라하의 봄」이 먼저 떠오른다. 이 소설과 영화는 체코슬로바키아의 소련 탄압과 체코인들의 사랑과 망명에 관한 이야기로서, 인간존재의 가벼움에 대해서 조명한 것이다. 아무튼 영화가 나온 뒤부터인가, 중세건축물이 아직 많이 남아있는 프라하는 예전보다 관광객들이 늘어나 관광도시로서의 면모를 새삼 과시하고 있다.

이곳에서 태어난 카프카, 스메타나 드보르자크는 물론이고 이방인인 모차르트, 베토벤 등 많은 예술가들이 가장 사랑했다는 도시 프라하는, 문화유산이 보존된 곳이 많아 마치 타임머신을 타고 중세의 도시로 들어온 것 같은 착각을 일으키게 한다. 예전의 한때, 합스부르크 왕가의 루돌프 2세가 연금술에 광적으로 몰두해 세계 곳곳의 연금술사와 마법사들을 다 불러들여 '마법의 도시'라고 불렸다는 말이 과장은 아닌 듯, 멀리 보이는 곳마다 붉은색 지붕들과 탑들이 있어 마치 연금술사들과 마법사들이 빨간 모자를 쓰고 연금술에 심취해 있는 듯 보이기도 했다.

예전부터 카프카와 그의 작품에 매료되어 있었던 나는 언젠가 프라하에 가면 다른 것은 차치하고서라도 우선 카프카가 「변신」, 「성」, 「소송」을 집필했던 집이 있다는 황금소로, 또 그가 산책 다니던 길과 그가 자주 다녔다는 카페에 가보려고 오랫동안 계획을 세웠었다. 그러나 내가 합류한 여행팀의 가이드는 사람이 너무 많다는 이유로 카프카의 집은 물론이고 황금소로도 그냥 바쁘게 스쳐 지나가는 것으로 일정을 마치고 카를교로 향했다. 나는 너무 화가 나서 혼자서라도 가볼까 했는데, 카를다리에 도착해서 30명이나 되는 성인들의 조각상을 보는 순간, 그 생각을 잠시 접어 둘 정도로 놀라고 감격스러웠다.

나와 일행들이 그 다리에 도착했을 때는 마침 저녁 무렵이었다. 카를다리 아래로 흐르고 있는 블타바 강물은 하루의 뒷자락을 감아쥐고 너울대는 석양빛을 받으면서 피로를 달래듯 긴 하품을 하고 있었다. 반면에 유명한 여느 다리들처럼 날렵함과 화려함 대신에 육중함으로 무장된 카를다리 위에는 많은 인파로 붐비고 있었는데, 그런 와중에서도 '예술의 다리'라고 불리는 프랑스의 퐁데자르처럼 오가는 사람들의 초상화를 그려주는 화가와 그림을 파는 화상들이 군데군데 포진하고 있었다. 또 음악을 연주하는 악사들 서너 명이 한 팀이 되어 색소폰, 클라리넷, 기타, 바이올린 등을 연주하며 관광객들의 피로를 풀어주고 있었다.

그런데 나는 그 무엇보다도 다리 옆에 붙여 놓은 삼각의 난간마다 하루 내내 사람들에게 시달린 듯 보이는 30명의 성상(聖像)들에게서 시선을 뗄 수가 없었다.

'이게 웬 호사란 말인가, 한꺼번에 이렇게 많은 성인들을 한군데서 다 보다니!'

나는 그런 생각을 하면서 무리들을 헤치고 그 성상(聖像)들에게 차례차례로 다가서서 기도하는 마음으로 올려다보았다. 체코의 조각가들이 그 동상들을 17세기 후반에서 20세기 중반까지 약 250년에 걸쳐 조각했다고 하

BOSS

는데, 제일 먼저 세운 것은 예수 수난 십자가상이라고 한다. 그리고 성 비투스, 성 요한 네포무스키, 성 프란체스코 사비에르 등 30명의 성인 조각상들은 다리 안쪽을 향해 서서 프라하의 역사를 간직하고 흘러가는 블타바강을 등 뒤에 두고 그 많은 세월을 통과하고 있는 것이다.

그 성상들 중에서 가장 인기가 있는 얀 네포무크는, 카를다리의 수호성인으로서 목에 다섯 개의 별을 두르고 있었다. 당시에 프라하 교구를 담당하는 주교였던 그는, 외도한 왕비의 비밀을 왕에게 알려 주지 않아 혀가 잘린 채 다리 아래로 던져지는 죽임을 당했다. 얼마 뒤 그의 시신이 강물 위에 떠올랐는데, 그 때 다섯 개의 별이 강물 위에서 빛났다고 한다. 그래서 그 별 다섯 개가 그의 목에 둘러지게 되었다니, 주의 은총을 받은 것이리라.

그 조각상을 떠받친 받침대에는 두 개의 동판이 붙어 있는데, 충정을 상징하는 개 한 마리와 얀 네포무크 신부가 강에 던져지는 모습이 새겨져 있다. 개의 머리를 만지면서 소원을 빌면 그 소원이 그대로 이루어진다고 하여 그 부분은 수많은 사람들의 손때가 묻어 기름을 부어 놓은 듯 반질반질했다. 나도 빠질세라 줄을 서서 기다려 겨우 개의 머리에 손을 댈 수 있었다. 그러고 있다 보니, 그것은 '문지르면서 소원을 비는 우리나라의 샤머니즘의 한 종류와 별반 다를 게 없다'는 생각이 불현듯 들었다. 궁극적으로 인간의 문화는 어느 나라든 별반 다를 게 없는 것이다.

그리고 무엇보다도, 비록 조각품일지라도 30명의 성인들이 대거 포진해 있는 이 카를다리는 로마인들의 이야기처럼 마음이 하늘로 통하는 연결점이 아닌가하는 생각이 들었다. 이 다리 자체가 한 권의 성서와 다름없기 때문이다. 나는 내가 지극히 마음에 두고 있는 카프카의 나라에 와서 그가 살았던 거리를 걸어 본 것만도 좋은데, 이처럼 보기만 해도 가슴 벅찬 성인들을 대거 만나고 나니 그동안 미루어 왔던 성서를 거뜬히 읽어낸 듯한 느낌이 들어서 가슴이 뿌듯했다.

그래서인가 지금은 예전과는 달리 프라하를 떠올리면 아름다운 어느 곳보다도 카를다리와 성상들이 먼저 눈앞에 그려진다. 그리고 격변의 세월을 지내면서 슬프고 기뻤던 일, 고단했던 일들을 추억하며 말없이 흐르는 블타바 강물이 내 가슴속에서 알레그로로 분주하게, 때로는 안단테로 유유하게 흐른다. 내 영원한 짝사랑 카프카와 함께.

질마재 노변의 노거수(老巨樹)

시골 밭두렁 한 쪽에 짝을 이루고 서 있는 노거수(老巨樹) 두 그루가 긴 가지를 늘어뜨린 채 어둠에 싸여 형태만 보이는 사진을 우연히 보게 되었다. 노거수를 부각시키기 위한 사진기법이겠지만 어스름이 짙게 젖어오는 시각에 맞춘 탓인지, 사진 속의 피사체는 언뜻 보면 잿빛 머리를 풀어 늘어뜨리고 있는 귀녀 같기도 해서, 그 나무를 보는 순간 가슴이 쿵, 울리는 느낌을 받았다.

나는 한동안 그 느낌을 잊지 못하다가 그 사신 속의 노거수가 있는 충북 괴산의 질마재 고개로 직접 찾아가서 보기로 했다. 내 마음이 내내 그 나무를 향해 있었기 때문이다.

사실 나는 나무를 그다지 좋아하는 편도 아니고, 나무 종류도 잘 모르는데 왜 그토록 그 노거수가 보고 싶은 마음이 드는 걸까? 아마도 그것은 사진에서 보이는 그 적막함과 밭두렁에 그토록 오래된 나무가 서 있는 것이

의외라는 느낌을 받았기 때문이었다. 그리고 무엇보다도 미당의 고향인 전북 고창의 '질마재 신화'가 생각났기 때문이었다.

미당의 시 '질마재 신화'에는 첫날밤도 치루지 못하고 신랑의 오해로 한 평생 동안 족도리도 벗지 못하고 버림받은 채 앉아있다가 재가 되어 버린, 가여운 새색시가 나온다. 신랑은 제 허물은 생각도 못하고, 색시를 원망하며 뒤도 안돌아다 보고 줄행랑을 쳤다. 성급한 신랑 때문에 한을 품고 재로 사그라졌다는 새색시를 생각하면 마치 사실인 듯 등골이 서늘해진다.

봄 햇살은 피해야 한다는 말이 제대로 실감나는 날, 강한 햇빛 탓에 눈을 반쯤 감고 그 노거수가 있다는 곳으로 향했다. 충청도의 질마재는 고갯길이 마치 한계령을 넘는 듯 구불구불하다. 물론 한계령보다는 고지가 얕지만 그 길을 생각나게 한다. 그 길을 가면서 보니 길 건너의 그리 높지 않은 산에는 개나리, 진달래 등 봄꽃들이 한창이고, 벚꽃은 흰 눈이 쌓인 것처럼 산을 하얗게 뒤덮고 있다.

'…꽃은 피어나고 향기는 피어오르고…' 하는 하이네의 '봄'이 저절로 읊조려지는 풍광이었다.

여유로운 풍류객처럼 차창 밖으로 봄의 정경을 만끽하면서 고개를 한껏 빼들고 증평을 지나 증평교에 이르러서부터 그 노거수를 찾았으나 보이지 않았다. 장소를 잘못 알았나하는 생각에 사방팔방을 둘러보아도 보이지 않았다. 그렇게 찾다가 여기저기 들러도 보고 하다 보니, 어느덧 해는 서쪽을 향해 줄달음쳐 가고 낮은 자세로 포복해 있던 어둠이 서서히 허리를 펴 올리고 있었다.

갔던 길을 다시 되돌아 질마재 고개를 넘어서면서 결국은 그 노거수를 못보고 가는구나 하는 생각을 하는데, 멀리 밭이 이어지고 있는 곳에 사진에서 본 두 그루의 노거수(老巨樹)가 거무스레하게 보였다. 질마재로 들어섰을 때는 보이지 않던 것이 돌아가는 길에 보이는 것이었다.

문득 고은의 시 '내려갈 때 보았네, 올라갈 때 못 본 그 꽃'을 떠올리며 다시 바라보니, 차츰 주위에 파고드는 어스름 속에서 의젓하게 서 있는 노거수 두 그루는 마치 마을을 지키는 수호신 장승처럼 위용보다는 위엄이 서리어 있어 왠지 모르게 가슴 속이 뜨거워지는 듯했다.

이런 느낌이 드는 것은, 나도 세월을 받아들여 온 나날이 적잖아서 그럴 것이다. 살아갈 세월보다 살아온 세월이 더 깊고 길면 같은 사물을 보더라도 생각이 달라지는 것이니까. 이처럼 같은 나무라도 시간과 위치에 따라 또는 계절에 따라 달라 보이는 것은 사람의 감정이 그렇게 변하기 때문이다.

노거수 두 그루는 사진과는 조금 다른 느낌을 주긴 했지만, 서로 가지가 붙어 있어 절대 떨어지지 않는다는 연리지나 비익조와 다름없어 보였다.

몇 년 전에 보긴 했지만, 일본의 금각사 성원에는 거목 소나무가 쓰러진 채 생을 이어가고 있었다. 몸은 비록 쓰러져 있지만 잎도 푸르고 가지도 물이 올라 싱싱했다. 보호하는 차원에서 잔가지들을 살리고 몸통이 땅에 닿지 않도록 버팀목으로 받쳐 주긴 했지만, 그렇게 살아있는 것이 신기하고 대단했다.

그 노송이 와불(臥佛)처럼 누워있어서 나는 나름대로 와송(臥松)이라고 이름을 지었는데, 그때 이후로 가끔 그 소나무 생각에 빠질 때가 있다. 뭐라 할까, 그 와송에게서 삶의 의연함을 보았다고나 할까. 그래서인지 삶이 힘들다고 생각될 땐 다시 가서 그 노송을 보고 싶기도 하다. 몸을 일으키지 못해도 기품이 어려 보이는 그 소나무는 인간의 한 평생을 여실히 보여주고 있기 때문이다.

이 질마재 노변의 노거수들 역시 그 소나무와 다르지 않다. 한낮에는 농부들의 그늘이 되어 주고, 밤에는 괴산군의 든든한 지킴이가 되어 노변의 파수꾼 역할을 하고 있는 것이다.

나는 삶이 조금만 힘들어도 엄살을 부리며 내 처지를 비관하는 경우가 종종 있는데, 나무는 묵묵히 자신의 본분을 지켜나가는 의연한 모습이 참 아름답다. 그러기에 삶의 진정성이나 인생의 진리를 자연에서 배우게 되는 것인가 보다.

산야는 점차 그윽이 깊어만 가고 봄의 향연을 다투듯 펼치던 봄꽃들도 향을 감싸 안은 채 잠들어간다. 나는 질마재 노변을 지나면서 두 노거수에게 마음속으로 긴 작별의 인사를 하고 불빛이 영롱한 봄의 밤 속으로 빠져들었다.

처서

지난 여름은 태양신 푀부스의 수레바퀴가 막바지에 더 우렁차게 굴러갔는지 더위가 유난스럽게 심하더니, 단칼에 실한 무 베어내듯 어느 날 갑자기 계절이 돌아섰다. 마치 등 돌리고 떠난 연인의 변덕스런 마음처럼.

뙤약볕으로 타오르던 그 뜨겁고 절절하던 마음 다 어디다 내팽개치고 예고도 없이 단 하루 사이에 변심을 한단 말인가. 간이라도 빼서 줄 것처럼 자신을 불태우던 그 마음이 다 거짓이었단 말인가. 불길이 바람 되어 저 멀리 사라져 가니 오히려 그동안 그 열기에 데일까봐 전전긍긍했던 마음이 가라 앉아 회심의 미소를 짓는다.

매해마다 느끼는 일이지만 계절의 변화 역시 사람 사는 일과 별반 다르지 않음을 느끼게 된다. 아무리 좋은 인간관계라도 시간이 지나면 나무의 틈이 벌어지는 것처럼 벌어지듯이 자연이나 인생사는 처음이 있으면 끝이 있고, 또 끝이 있으면 다시 새로운 시작이 있다.

지난여름 밤마다 뜬눈으로 밤을 새우게 하던 그 찐득한 열대야에 너무 지칠 대로 지쳤기에 더욱 새삼스럽게 고마워지는 가을이다.

하지만 처서가 되었다고 해서 계절이 완전히 바뀐 것은 아니다. 조석으로는 제 계절을 느낄 수 있지만, 한낮에는 오히려 한 여름 못지않게 더운 것이 이즈음이다. 인간관계가 일시에 좌초되었다 하더라도 미련을 끊지 못하고 오히려 더 마음을 끓이듯이 날씨 또한 마찬가지이다.

계절은 모습을 바꿀 때마다 나름대로 풍기는 매력이 있다. 그래서 사 계절이 구분된 나라에 사는 사람은 정서적으로 더 안정되어 있고, 감상적으로 되는 것이 아닌가 한다.

겨울에서 봄으로 넘어갈 때면 자연은 살며시 지상으로 버선발을 내딛는다. 새색시가 곱게 단장을 하고 조심스럽게 새댁생활을 하는 것처럼 부끄러움이 담뿍 담긴 조용하고 단아한 움직임이다. 마치 연두색 새싹이 살포시 세상 밖으로 고개를 내미는 것처럼. 그러다가 차츰 환경에 익숙해지면 고개를 쏘옥 내밀고 연푸른 가지들이 몰라보게 자라나 세상을 연한 꿈으로 물들인다. 신혼의 꿈을 하나하나 이루어가려는 새댁의 마음이 안개처럼 멀리 번져간다. 연초록의 세상에서 한 편의 동화 속으로 페이지를 넘기는 것이다.

봄은 인간에게 이성보다는 감성을 높이는 계절이다. 무릇 여자의 계절이라고 하듯이 생기를 되찾은 자연이 주는 이미지에 자극을 받아서 겨우내 움츠리던 정신에 신선하고 달콤한 바람이 불어 들이치는 것이다.

봄에서 여름은 더운 입김을 내뿜듯이 차츰 숨이 막혀오고, 강한 독기를 내뿜듯 앙탈을 부리듯, 붉은 장미가 요란스럽게 웃음을 퍼트린다. 그리고 이렇게 말한다. '인생은 열정이야. 세상을 향해, 나를 향해 너를 향해….'

나를 일깨우는 열정의 난무가 푸르디푸른 정원으로 퍼져간다. 나는 여름만 되면 '인생은 느끼면 희극이고, 생각하면 비극'이라는 구절이 항시 떠오른다. 여름만 되면 그 뜨거움의 열기가 인생철학을 탄생시키는 것이다. 그것은 견디기가 너무 힘들어서 생각하는 것이나 나오는 말이 회의적이고 충동적이 되기 때문이다.

들판은 진한 초록으로 물들어 태양의 벌건 열기와는 정반대의 색이 되어 오히려 충동적이 되고 강한 인상을 풍긴다. 그래서 자살자들이 어느 계절보다도 여름에 그 수효가 많다고 하는 것도 간과해 볼 일이다.

이런 교만하면서도 물불 안 가리고 뜨거움을 쏟아내는 여름에 지치고 힘겨워 아웃될 때가 되면, 어김없이 서늘한 바람을 몰고 다니면서도 남에게 베풀기 좋아하는 사람 같은 가을이 어느새 다가와 지친 육신을 달래준다.

가을은 여러 얼굴을 보여준다. 여름을 바람으로 퇴치시키는 그 냉정함과 결실을 수확하기 위한 한낮의 뜨거움, 그리고 이어지는 풍요함을 보여주지만 모든 만물에는 쇠락의 과정이 있음을 보여 주어 겸허한 마음을 갖게 한다. 마치 수도자의 성정이라고나 할까. 하지만 평범한 인간에게는 이성보다는 감성이 충만해지기에 마음을 추스르기가 버거운 일들이 일어나기도 한다. 흔히들 가을은 남자의 계절이라고 하듯이 꼿꼿하던 이성이 감상적이 되어 인생의 허무를 느끼는 것이다.

드디어 찬바람이 몰아치는 겨울이 오면 개인마다 다르겠지만 이성과 감성은 지수를 높인다. 영혼이 살아있는 것이다. 느슨해졌던 정신을 바로 세우고 인생과 일과의 함수관계에 대해서 어느 계절에서보다 더 확연하게 느끼고 생각하게 된다.

나는 개인적으로 입추와 백로 사이에 들어 있는, 이십사절기의 하나인 처서부터 시작되는 초가을을 좋아한다. 여름을 아주 매섭게 몰아내기 때문이다. 그리고 가을바람이 너무 좋아 일부러 언덕에 올라 온몸으로 바람을 받아들이며 삶의 자세를 다시 바르게 세우기도 한다. 여름동안 느슨해진 정신을 끌어올리는 것이다. 그러나 이렇듯 구분되는 사계절이 날이 갈수록 위협받고 있어서 걱정이 되지 않을 수 없다. 우리가 알고 있듯이 지금은 지구가 온난화영향을 받아서 점점 뜨거워지고 북과 남극의 빙하도 녹아 바다로 흘러들고 있다고 한다. 이번 여름 더위로 각 나라에서는 많은 인명이 열사병이나 일사병으로 목숨을 잃었다는 보도를 접하기도 했듯이, 지구는 열기로 위협을 받고 있다.

그러나 간혹 계절이 뒤죽박죽 될 때도 있어 꽃이나 열매들도 정신을 차리지 못하고 제멋대로 꽃을 피우기도 하지만, 아직은 사계절이 지켜지고 있기에 다행이라는 생각을 다시 해본다.

5분 전
6시의
애수(哀愁)

인간에게는 누구든지 한두 가지의 습성이 있다. 그것은 오래될수록 쉽게 변하지 않고 자신의 개인적 상징으로 이미지화되어 버린다. 그래서 누구를 떠올리게 되면 우선 이름보다는 그 사람의 특징적인 모습이 떠오른다. 구태여 서로 친한 사이가 아니더라도 여러 번 보게 되면 그런 특징은 쉽게 눈에 띈다. 화가의 그림이나 문필가들의 글을 여러 번 보거나 읽게 되면, 그 작가의 화풍이나 문체를 어느 정도 파악할 수 있는 것도 같은 맥락이라고 할 수 있다.

내가 예전에 알던 J신부님의 개인적인 상징은 5분 전 6시였다. 항상 그렇지는 않지만 생각에 잠겨 있거나 말을 하다보면 어느 새 고개가 오른쪽을 향해 30도 각도로 비스듬히 기울어져 있다. 그래서 타인의 시점에서 볼 때는 그런 모습이 그의 상징이 되어 그를 떠올리면 먼저 기울어진 고개가 생각난다.

그래서인가, 그런 모습을 보고 있으면 그는 전혀 그렇지 않은 상황과 신분임에도 불구하고 알 수 없는 애잔함에 빠져 공연히 가슴이 먹먹해지곤 했다. 그것은 나만의 느낌이었겠지만, 왠지 그의 내면은 인간과 인생에 대한 물음표로 가득 차 있을 것만 같았다. 아무래도 그가 신부로 서품을 받은 지 얼마 되지 않았었기에 그런 느낌을 받았을 것이다.

하지만 나의 그런 엉뚱한 생각과는 상관없이 다소 허약해 보이기는 해도 잘생긴 얼굴에 훤칠하게 키가 큰 그는, 외모에 버금가는 해박한 지식을 바탕으로 철학적 사유를 담아 강론을 할 때면 스쳐지나가는 말 한마디라도 버릴 것이 없을 정도로 가슴을 울리고 뇌세포를 요동치게 했다. 그래서인가 미사시간 내내 졸던 사람들까지도 강론 시간에는 눈을 비비고 두 귀를 한껏 기울이고 고개를 끄덕거리며 들었다. 대체로 따분하게 여겨질 시간을 감동으로 물결치게 했던 것이다.

그런데 그의 강론이 한창 고조될 때면 그의 고개는 5분전 6시쯤에서 분침이 정지해 버린다. 이어 재미있는 현상은 그 강론을 듣는 사람들 대부분이 그 신부님처럼 고개를 옆으로 기울이고 있는 것이었다. 마치 집중적인 사색에 잠겨 있을 때는 누구나 고개를 옆으로 기울인 채 말을 하지 못한다는 '걸리버 여행기'의 날아다니는 섬, 라퓨타 사람들 같기도 하고, 아메데오 모딜리아니의 초상화 모델들 같기도 했다.

인간의 존재감을 간결하게 표현하는데 집중한 모딜리아니, 그의 초상화 인물들은 대부분 옆으로 고개를 기울이고 있다. 특히 그가 사랑하는 잔느

에뷔테른의 초상화는 거의 전부라 할 정도로 고개가 옆으로 기울어져 있다. 그리고 무엇보다도 몽환적인 아몬드 모양의 초록색 눈에서는 잔느에게 내재된 피폐한 현실과 예측이 불가능한 미래를 내다보고 있는 듯 두려움과 간절함이 엿보인다.

그래서인가, 모딜리아니의 그림을 보면 자기가 사랑하는 여인의 모습을 그리면서 자신의 내면을 표현한 것은 아닐까하는 생각을 하게 한다. 이탈리아 이민자로 프랑스의 몽마르뜨에 살면서 가난과 결핵으로 시달리고 마약과 술에 자신을 함몰시켜갔던 모딜리아니의 삶은 희망보다는 절망이었다. 그런데도 아이러니하게 타인에게는 삶에 대한 무언의 긍정을 예시한다. 그런 그이기에 사랑보다는 예술이 생의 전부였다.

반면에 잔느는 모딜리아니에 대한 사랑이 인생의 전부였다. 마치 자신은 그를 목숨처럼 사랑하기 위해서 태어난 여자처럼 생각한다. 그러나 그에게서 깊은 사랑을 받지 못하는 안타까움에 항상 간절히 기다리는 자세가 되는 것이다.(누구든 무언가를 기다리고 있을 때는 고개가 자연히 옆으로 기울어진다.)

이즈음 생각해 보면, 나는 예전부터 그 신부님에게 잔느의 초상화를 그린 모딜리아니를 투사하였던 것 같다. 서로 전혀 닮지 않았으면서도 어딘지 모르게 닮아있는 것 같은 느낌을 주는 사람에게서 그를, 또 잔느와 내 자신을 발견하게 된다. 내가 네가 되고 그가 되며, 네가 그가 되고 내가 되는 것이다.

물론 재능을 말하는 것이 아니라 어디까지나 느낌을 말하는 것이다. 타인에게서 나를 보는 투사는 겉으로 드러나는 공통분모가 아니라 내재된 무의식을 알아차리는 것이다. 모딜리아니가 애수에 가득 찬 잔느를 그녀와 같은 마음으로 그리듯, 외적으로는 완벽해 보이는 신부님에게서도 그런 내면의 이미지가 풍긴다고 내게는 느껴진 것이다.

한때 내 인생의 멘토로 여겼던 J신부님. 그래서인가 나는 지금도 내가 짊어지고 있는 삶의 무게가 너무 버거워 절망에 빠져 있을 때면 마음속으로 구원을 청한다. 그러면 어느새 그가 내 눈앞에 나타나 고개를 갸우뚱하면서 나를 유심히 바라보고 있는 것 같다. 실제로 신부님이 내 눈에 보이지 않아도 보여지는 그런 느낌이 드는 것이다. 그럴 때면 나 역시도 5분 전 6시 방향으로 고개를 기울이고, 내 가슴 속을 짓누르고 있는 무거운 돌덩이를 던져 버릴 수 있도록 무언의 부탁을 하곤 한다. 지혜의 샘에 다다르게 해달라고.

마치 연금술을 다루듯 귀한 시간이 지나면 어느새 나는 깨달음을 얻은 해탈자가 되어 또 다른 내가 되어 있다. 그러고 보면 5분전 6시는 애수를 느끼기보다는, 자신을 변화시키는 각도의 시간이 아닌가 생각된다.

몌별
이라면

술에 물 탄 인생

끝날 것 같지 않던 여름도 서서히 꼬리를 감추고 조석으로 선득한 바람이 불더니, 어느 사이에 단풍이 지천인 가을의 중심에 와 있다. 이런 계절에 누군가와 가슴 아픈 이별이라도 했더라면, 특히 그것이 몌별이었다면 어떤 기분에 빠지게 될까 매번 생각해 본다.

나는 철들면서부터 지금까지 살아오면서 남에게 차이기는 했어도 죽을 듯이 나를 못잊어 하는 사람을 만들지도 못하고, 그저 술에 물 타고 물에 술 탄 듯 덤덤하게 살아온 안타까운 인생이다. 그러기에 깊은 가을이 되면 가슴시린 사랑을 하다가 헤어져 서로 못잊어 하는 사람들이 부럽다는 생각을 한다. 여기에는 '서로'라는 단어가 매우 중요하다.

만산홍엽처럼 온 산야를 불태울 듯이 뜨거운 사랑을 하다가 헤어지면 재가 되어 흩어지기에 결국 남는 것이 없겠지만, 가슴 아픈 애틋한 사랑은 두고두고 애닮고 그리울 것이다. 그래서 그런 사랑을 못해 본 것이 끝내 한으로 남는다.

누구든 나이를 먹으면 사랑은 현재진행형보다는 과거완료로만 남기 때문에 기억하고픈 일들을 그리워하는 것이 아닐까. 만약 아니라고 부정한다면 그런 부류는 빼고 말하기로 한다. 아무튼 나는 소매를 붙잡고 놓지 못할 정도로 안타까운 이별을 한 번이라도 해봤더라면 내 인생이 지금보다는 정신적으로 풍요롭지 않을까 하는 생각을 하곤 한다. 이럴 경우의 사랑은 감정소모만 하는 짝사랑이 아니라 상대와 서로 사랑의 감정이 동일하게 이입되어야 차오르는 사랑으로 남을 것이다.

영화「8월의 크리스마스」

「8월의 크리스마스」는 '8월'이라는 계절과 '크리스마스'가 주는 이미지의 역설에 그 기반을 두고 있는 것으로, 절제된 사랑의 감정을 표현했다. 그러나 서로 원하지 않은 그들의 이별은 몌별이라고도 할 수 있다. 몌별이 슬픔의 실체가 확연하게 드러나지 않듯이, 이 영화 역시 그들의 이별에는 억지로 눈물을 강요하지는 않지만 가슴을 저미는 아픔이 소리 없이 침투한다. 안개가 옷을 서서히 적시듯 드러나지 않게 서로의 가슴에 슬픔이 안개처럼 스며드는 것이다.

어느 날 사진관을 하는 정원이 다림의 사진을 액자에 넣어서 주겠다고 하자 다림은 12월 24일이 자신의 생일이니까 그때가 되면 카드와 함께 시도 써서 달라고 한다. 이 부탁의 말에서부터 사랑의 감정이 감지된다.

그러나 불치병으로 시한부 인생을 살고 있는 정원은 자신이 겨울까지 살아 있지 못할 것을 알고 있지만 다림에게 고백할 수는 없기에, 8월의 어느 날을 크리스마스이브로 생각하고 그날을 다림의 생일로 지내자고 한다. 그렇게 해서 두 사람은 롯데월드에 가서 놀이기구도 타고, 캐롤송 CD도 사면서 즐거워했다. 두 사람은 8월에 크리스마스 겸 다림의 생일을 지낸 것이다. 그 뒤 정원은 다가오는 죽음의 날짜를 기다리고, 속사정을 모르는 다림은 진짜 크리스마스이브를 손꼽아 기다린다.

이처럼 정원은 삶의 마지막을 준비하고 다림은 새로운 인생의 출발점에 있는 상황에서 정원과 다림의 만남과 헤어짐은 8월의 크리스마스가 주는 이미지와 아이러니한 상관관계에 놓이게 된다. 무엇보다 이들은 서로 사랑하고 있으면서도 '사랑한다'는 말은 한마디도 내비치지 않는다. 다만 영화의 마지막 장면에서 딱한 번 '사랑을 간직한 채 떠날 수 있게 해준 당신께 고맙다는 말을 남깁니다'라는 정원의 나레이션이 나온다. 이것으로 참고 참았던 사랑의 마음과 슬픔을 드러내는 것이다. 그러나 영화에서는 그런 사실을 다림이 모르게 장치한다.

이처럼 영화가 눈물을 강요하지 않으면서도 가슴을 울리는 것은 제목에서도 암시했듯이 다림을 겨냥한 극적 아이러니 때문일 것이다. 관객의 시선으로 보면 다 알고 있는 정원의 죽음을 그녀만 모르고 있는 것이다.

좋아하는 사람이 불치병으로 죽어가는 것도 모르는 다림. 그녀는 어느 날부터 사진관 문이 계속 닫혀 있자 기다리다 못해 편지를 써서 사진관 문틈에 억지로 밀어 넣는다. 그 뒤에도 정원이 보고 싶어 갈 때마다 사진관 문이 닫혀 있자 다림은 급기야 돌을 던져 유리를 깨트려 버리고 만다. 눈물을 쏟아내면서.

다림의 그 소리 없는 아픔에 관객들은 안타까워한다. 그리고 그녀가 다른 곳으로 파견나간 곳에서 동료인 공익요원들과 술을 마시다가 화장실에서 우는 장면 등을 보여 주며 관객들에게 묵중한 아픔을 느끼게 한다. '슬프다'라는 말, '사랑한다는 말' 없이도 슬픔과 사랑의 감정은 더욱 불길처럼 솟구치고, 이별한다는 말도 못하고 이별하는 아픔이 가슴을 친다.

소설 「메별」

소설의 주인공 서현과 강선생은 서로 소매만 스치듯 단 두 번 만났던 사이다. 첫 번째 만남은 서현이 농활을 갔던 시골의 초등학교에서였고, 두 번째는 그녀가 결혼을 얼마 앞두고 마음의 준비를 하기 위해 갑자기 그를 찾아가 이런저런 이야기를 나누었을 때이다. 그날 그녀는, 그가 학교에 잠깐 간 사이에 그냥 돌아간다는 메모를 고흐의 노란 해바라기가 표지로 그려진 시집 사이에 끼워두고 떠나왔다.

그 뒤로 결혼을 한 서현은 어느 해부터 여름만 되면 아무 이유 없이 가슴에 통증을 느끼고 고통스러워한다. 그러던 어느 날 그녀는 7년 전에 만났던 강선생을 찾아 황급히 길을 떠난다. 결혼한 지 7년이 되었건만 아이가 없던 그녀는 그와 또 이야기를 나누고 싶었던 것이다. 자기도 모르게 그가 마음속의 의지처가 된 것이다.

그러나 그가 나가던 학교는 폐교되었고, 강선생은 이미 7년 전에 죽었다는 말을 듣는다. 그런데 그녀는 강선생과 친하게 지내던 박선생을 만나 그의 죽음에 대한 진실을 알게 된다. 강선생은 저수지에 빠진 박선생의 조카를 구하려고 뛰어들었지만 사실은 자살한 것이었다. 그는 서현을 두 번 만난 뒤부터 사랑하고 있었지만, 그녀가 결혼한 것을 알고 오랫동안 상심해 오다가 결국은 아이만 구하고 수영을 못한다는 핑계로 자신은 저수지에서 나오지 않았던 것이다. 그리고 공교롭게도 서현이 찾아간 그날이 바로 기일이었다. 역시 그를 내내 잊지 못했던 서현은 그가 죽은 날 즈음이면 자신도 모르게 가슴이 답답해지고 통증을 느꼈던 것이다.

뒤늦게 그의 사랑을 깨달은 서현은 그에 대한 죄책감으로 가슴 아파하다가 강선생이 죽던 해에 태어난 아이를 보육원에서 입양한다. 그 아이는 강선생이 좋아하는 노란색 꽃(천인국)을 들고 있었다. 그리고 어딘지 모르게 강선생과 닮은 듯 보였다.

그녀는 이미 이 세상에 없는 그와의 사랑을 이루는 것은 그와 어딘지 모르게 분위기가 닮은 아이를 기르는 것이라고 생각한 것이다. 이것은 이 소설에서 보여주는 극적 아이러니다.

이렇듯 서로 소매를 스치듯 지나친 인연에서도 사랑이라는 감정은 날개를 달고 승화한다. 결코 잊을 수 없는 사이가 되어 사랑을 영원으로 이어주는 것이다.

예별이라면

나는 특별히 인연이라는 말을 별로 좋아하지도, 신뢰하지도 않는다. 인연이란 쉽사리 깨지기도 하기 때문에, 그 굴레에 얽매여 마음에도 없는 관계를 형성하고 싶지는 않다. 서로 맺어질 때는 세상에 다시없는 사이인 듯 여겨지지만 시간이 흐르면 뒤끝을 보이기 마련이기 때문이다. 그러나 이런 인연으로 오는 사랑과 이별이라면 구태여 인연을 외면할 이유는 없을 것 같다.

작가 구효서는 「예별」에서 인연이란 스치듯 지나치는 순간 바람처럼 이는 것이지만, 그냥 스쳐 지나버림으로써 초래되는 결과가 얼마나 가혹한 것인가를 알고 있다고 했다. 또한 인연은 삶과 죽음의 세계를 넘나들면서 존재하며, 주어지는 것이지 만드는 것이 아니라고 말하고 있다.

생각해보면 사랑보다는 이별이 관건이다. 사랑은 영원하지 않기 때문이다. 쇼펜하우어는 '사랑은 없다'라고 단언했지만, 분명 사랑은 존재하고 또 소멸하기에 그 소중한 사랑을 어떻게 키워 어떻게 보내느냐가 인생의 화두 중 하나라는 생각이 든다. 아, 계절 탓인가.

거꾸로 가는 시계

인간은 누구나 나이가 들어갈수록 과거를 회상하며 죽음의 길로 한 발 한 발 다가선다. 육체의 시계는 똑바로 가지만, 정신의 시계는 거꾸로 가는 것이다. 그러기에 세월의 이끼가 진해질수록 추억의 공간에 머무르게 되는 일이 빈번해지고, 말을 할 때에도 '예전에는 말이야…' 하면서 지난 과거의 이야기로 말머리를 꺼내곤 한다.

아니 구태여 나이를 들먹이지 않더라도 대부분의 사람들은 지난 일들을 회상하면서, 미래를 향해 발걸음을 옮기고 있다. 그것은 아직 청사진이 확실하지 않아 가늠하기가 불투명한 미래보다는 이미 경험했던 일들이 더 우리의 마음을 지배하고 있기 때문이겠지만, 무엇보다도 회귀사상이 심성을 좌우하기에 그런 것이지 싶다.

사람의 두뇌는 나이가 들어갈수록 아이와 비슷한 수준이 되어 생각이 단순해지고 맑아지기도 하지만 반면에, 투정이 심해지고 이기적인 생각과 행동으로 변모해가는 것이 일반적이다. 특히 치매에 걸리면 이런 현상들이 더욱 심해져서 그들의 정신세계는 거의 유아적이 되어, 치기어린 행동과 생각으로 가족을 괴롭히기도 하고 본인 자신도 어린 시절의 의식 속에서 살며 자신을 잃어가게 된다. 그러다가도 가끔 제정신으로 돌아오기에 더욱 혼란을 겪게 된다. 기억의 뇌파가 공간이동을 제멋대로 하는 것이다.

츠즈키 타쿠치는 「시간의 패러독스」에서, 앞으로는 초광석 입자를 사용해서 만든 '시간의 망원경'으로 시공간을 뛰어넘어 과거와 미래를 마음대로 볼 수 있을 거라고 했다. 구태여 그 장소로 공간이동을 하지 않더라도, 이 망원경 하나로 원하는 공간을 다 볼 수 있다는 것이다. 또 '타임머신'을 타면 실제 그 공간으로의 이동이 가능하기에, 그 시대를 경험해 볼 수 있음을 시사했다. 이 '타임머신'을 주제로 한 SF영화는, 벌써 오래전에 여러 편이 제작되어 우리의 호기심을 불러일으켰다.

근래에 이르러서는 이것을 수단으로 삼아서 과거의 시간으로 되돌아가 범인을 잡는 스릴러물이나, 또는 시간을 초월해 서로 다른 공간에서 편지로 사랑을 나눈다든가, 숨겨 두었던 보물지도를 찾는다든가 하는 영화가 나오기도 했다. 시간을 거꾸로 돌려서 과거의 시간에서 다시 필름을 감는 것이다. 물론 이런 일들은 아직 영화나 문학 작품에서만 가능한 일이지 현실에서는 상상만 할 뿐이다. 아직은, 아무리 과학이 발달하더라도 인간이 과거로 되돌아가거나 미래의 시간 속으로 갈 수는 없기 때문이다.

그러나 이런 것들이 모두 현실화된다면 우리의 상상력은 점점 더 줄어들지 않을까하는 걱정을 먼저 하게 된다. 그리고 미래는 차치하고서라도 만약 시계가 거꾸로 돌아가서 과거의 삶을 다시 시작하게 된다면, 과연 우리는 과거의 시점에서 다시 인생을 시작하고 싶을까. 거의 대부분의 사람들이 원하지 않을 것이다. 그것은 현재의 삶이 중요하기도 하지만, 무엇보다 한 번 겪었던 일들을 다시 겪고 싶지는 않을 것이고, 더 잘할 수 있다고 장담할 수는 없기 때문이다.

올 초에 개봉되어 많은 관심을 받았던 피츠제럴드의 원작 소설을 영화로 한 「벤자민 버튼의 시계는 거꾸로 간다」에서는, 시계가 거꾸로 가는 것을 설정으로 이야기를 풀어나간다.

어느 해 여름, 한 아이가 80세 노인의 외형을 지니고 태어난다. 놀란 아버지에 의해 양로원에 버려진 아이는 보모의 자식이 되어 자란다. 세상의 모든 사람들은 한 살에서부터 시작되는 생물학적인 나이로 늙어가는데, 그는 80세를 시작으로 거꾸로 나이를 접어가며 젊어진다. 그에게만은 시간이 거꾸로 흐르는 것이다. 그러나 나이를 먹어가거나, 나이를 접어가거나 모두들 죽음을 향해 가는 것은 마찬가지이다. 그는 차츰 젊어져 사랑하는 여인을 만나게 되지만 날이 갈수록 그녀는 늙어가서 할머니가 되고, 그는 젊어져서 청년이 되고 아이가 되어가기에, 그 사랑은 지속할 수 없게 된다. 결국에 그는 그녀와의 사랑을 전혀 기억하지도 못하고, 그녀가 누군지도 모르는 채 늙은 그녀의 품안에서 갓난아기로 일생을 마감한다. 이렇게, 사랑은 형태를 달리해 지속되기는 했다.

아이러니한 소재로 만들어진 이 영화는 시간이 제대로 흘러가든 거꾸로 흘러가든 삶과 죽음은 같다는 것과, 거꾸로 가는 시간이 결코 행복한 것은 아니라는 것을 일깨워준다. 사람이 나이를 먹을수록 늙어져 힘이 쇠잔해지는 것보다 오히려 젊어진다면 좋기도 하겠지만, 80평생을 제 수순대로 산 사람은 죽음에 임박해졌을 때 삶의 의미를 되새길 추억거리가 있지만, 갈수록 어려져 급기야 살아온 세월마저 기억을 못하는 갓난아이로 죽어야한다면 그가 지나온 시간은 허망 그 자체이며, 무(無)가 된다. 기억할 것이 없기 때문이다. 아니, 기억을 할 수가 없기 때문이다. 그러기에 마음의 저장고인 기억을 가끔 되새기기 위해서는, 거꾸로 가는 인생보다는 앞을 향해 가는 삶이 바람직한 인생길이 아닐까한다.

이즈음에는 경제 한파로 인해 10여 년 전의 IMF시절로 되돌아간 것 같은 현상을 이곳저곳에서 보게 된다. 가중되는 실업난과 갈수록 악화되는 경제 불황이 그때와 다름이 없어, 어려운 고비를 넘겼다는 안도감이 자리를 잡을 여유도 없이 근심이 다시 우리의 마음을 옥죄고 있다. 그리고 무엇보다도 정치인들의 구태의연한 사고(思考)로 인해, 나라가 발전되기보다는 과거의 시대로 되돌아가 살고 있는 것만 같다.

그러나 거꾸로 가던 시계는 곧 제자리를 찾아 제대로 움직일 것이기에, 다가올 미래는 환희로 빛나게 되리라는 희망을 품고 지금 우리는 어수선한 공간 속을 통과하고 있다.

인생의 화양연화

인생에서 가장 아름답고 행복한 순간을 말하는 화양연화! 어느 인생이건 그런 때가 있기 마련이기에 비록 남루한 인생이라도 아름답고, 또 살아갈 희망이 있고 이루고 싶은 꿈이 있다.

언젠가 양조위와 장만옥 주연으로 나온 홍콩영화 「화양연화」는 이루지 못할 사랑, 이루지 않고 마음속에 남겨둔 사랑으로 관객의 마음을 애잔하게 했다. 그들의 사랑은 아름답지만 고통스럽고 비밀스러운 순간들이었다.

'그와의 만남에 그녀는 부끄러워 고개 숙였고, 그의 소심함에 그녀는 떠나버렸다' 이룰 수 없는 그들의 사랑은 단지 스치는 사랑이었고, 참을 수 없는 그리움이었으며, 절제의 애절함으로 가슴 졸이는 아픔이었다. 그들은 애별(愛別)하고 그 사랑을 인생의 화양연화로 간직하고 각자에게 남겨진 삶을 묵묵히 살아간다. 결국 사랑은 양화와 음화가 반전되는 솔라리제이션과 같은 것이다.

스티븐 호킹은 '사람이 죽으면 사후가 있다는 것은 동화일 뿐'이라고 자신의 견해를 내놓았는데, 그건 단지 그의 개인적인 생각일 뿐이다. 굳이 종교를 따지지 않더라도 상상력을 발휘해서 사후의 삶을 여러 가지로 생각해 보면, 각자의 인생을 살아가는데 있어서 선악의 기준을 세울 수 있다. 사실 선보다는 악이 득세하는 현실에 있어서는 다소 어울리지 않는 표현이기는 하지만, 그렇더라도 인간의 기본적인 법도는 지켜야 된다는 가정 하에 상상을 해보는 것이다.

가톨릭에서는, 사람이 죽으면 천국과 지옥으로 가기 전에 연옥에 머문다고 한다. 천국으로 바로 갈 수 없는 영혼들이 얼마 동안 이곳에서 죄를 반성하면서 머물게 된다는데, 이것에 상상력을 발휘해서 만든 영화들이 있다.

그 영화의 핵심은 연옥에서는 누구든 살아생전의 나날 중에서 가장 행복했던 한때를 선택해서 천국에 갈 때 그 기억을 가져갈 수 있다는 것이다. 다시 말하면 천국에서의 삶도 좋지만, 살아생전에 행복했던 때가 더 기억할 의미가 있다는 것을 말하고 있다. 또한 그것은 살아있을 때 행복하고 아름다운 순간들을 많이 남기며 살라는 의미를 내포하고 있는 것이다.

이처럼 우리가 살아오면서 가장 기억에 남거나 아름답고 행복했던 순간들, 즉 화양연화는 실로 남녀 간의 사랑만을 말하는 것이 아니다. 누구든 어떤 일을 하든지 진정 행복하다는 느낌을 받을 때가 더러 있는데 그러한 때를 기억 속에 저장해 두는 것이다. 그러한 순간은 남녀노소나 지위고하를 막론하고 누구나 삶의 단면에서 발견할 수 있을 것이다.

어차피 인생은 명암이 끊임없이 교차하는 순간들의 교집합이 아니던가.

처음부터 달달하게만 살다가 왕후장상처럼 가는 삶이 있기도 하겠지만 그런 경우는 극소수이고, 색감이 화사한 하이키 톤에서 세피아 톤으로 변색되는 것이 우리네 인생이다. 그러기에 순간순간에 최선을 다하는 삶이 중요한 것이 아닐까.

어느 누군들 인생에서의 아름다운 순간들이 어찌 한두 번뿐이겠는가. 나 역시도 화양연화는 아직 막을 내리지 않았기에 다소 색감이 떨어지더라도 채도를 높여주면 순도 높은 순간들을 다시 만날 수 있지 않을까 하는 욕심을 부려 본다.

그것은 프리츠 오르트만이 말하는, 희망을 향해 '곰스크로 가는 기차'를 타고자 하는 것과 다르지 않다. 곰스크는 우리 앞에 펼쳐질 꿈, 미래를 말함이다.

인간은 세월이 흐르면서 과거지향적으로 변해간다지만, 삶이 계속되는 한 꿈을 버리지 않는다면 누구나 곰스크로 향하는 기차를 탈 수 있을 것이다.

하지만 목표를 향해 나아가되 곰스크에 이르지 못했다고 절망할 필요는 없다. '최선을 다해 살되 결과에 초연하라'는 말처럼 후회 없이 살았다면, 그것 자체만으로도 곰스크에 이른 것과 다름없을 것이다. 또한 인생의 화양연화는 바로 그런 삶의 순간에서 찾아지는 것이다.

게임의 시대

곱게 생긴 한 젊은 여자가 TV화면 속에서 울먹이며 인터뷰를 하고 있다. 멀리 바다가 내려다보이는 그곳에는 같은 또래의 남녀가 열 명 정도 더 있었는데, 모두 그녀를 주시하고 있었다. 하지만 그들의 표정은 너나없이 심상치 않았다. 뭐라 할까, 한편으로는 안타까워하면서도 또 다른 한편으로는 안도하는 것 같은 이율배반적인 느낌을 주었다고나 할까. 아무튼 나는 무심코 채널을 돌리다가 '이건 뭔가' 하고 그 상황을 주시하기 시작했다.

보니, 무슨 서바이벌 게임에서 그녀만 탈락하게 되어 그만 짐을 챙겨 한국으로 돌아가는 비행기를 타야하는 상황이었다. 그러고 보니 그곳은 해외의 어느 지역이었다. 그녀는 거기까지 제작진과 같이 올 정도로 그동안 게임을 잘하기는 했지만, 이젠 하차할 상태에 이른 것이다. 애써 태연한 척하면서도 생각과는 다른 듯, 멈추지 않는 눈물을 슬쩍 슬쩍 손으로 문지르며 그녀는 서서히 발길을 옮겼다.

그즈음 그 방송에서는 어느 대기업에서 신입사원을 공개적으로 뽑는 게임을 하고 있었던 것이다. 일단은 많은 인원을 확보해 놓고 그중에서 추리고 추려서 단 한 명만 뽑는 것으로, 그 뒤로도 한 사람만 제외하고 나머지는 모두 고배를 마시고 짐을 싸게 될 것이었다. 끝까지 안 봐서 잘 모르겠지만 그들은 학력이나 실력, 언변도 비슷하고, 용모 또한 엇비슷하여 막상막하의 게임이 될 것으로 보였다. 그런데 이상하게도 나와는 전혀 상관이 없는데도 이미 그 자리를 떠난 그녀의 스산하고 막막해 보이던 얼굴이 자꾸 눈앞에 어른거렸다.

나는 다른 채널로 넘겨보았다. 역시 그 방송에서도 서바이벌 게임을 하고 있었다. 그리고 또 다른 방송에서도 마찬가지였다. 퀴즈를 잘 맞추면 무주택자에게 집을 준다는 프로도 있었다. 그뿐만이 아니었다. 어느 증권사에서는 '100억 주식투자대회'도 열었다. 그것은 개인투자자들이 펀드매니저가 되어 총 100억의 투자자금을 운용할 수 있는 서바이벌 게임으로, 수익률이 가장 좋은 참가자에게 투자 지원금을 제공한다는 것이다. 이래저래 머리 싸매고 덤벼들도록 인간의 욕망을 부추기는 것이다.

IT산업이 발달되고부터 온라인 가상 게임 세상이 시작되더니, 이제는 사람이 직접 출현하는 게임이 사회를 잠식하고 있다. 소리 없이, 아주 빠르게. 그러기에 이즈음에는 각 방송사나 기업에서도 게임을 권장하는 추세로서 거의 모든 프로가 서바이벌 게임으로 진행되고 있다. 이를테면 사회는 게임모드로 코드가 전환된 것이다.

무릇 서바이벌이라 함은 '살아남다'라는 의미로, 보통의 게임보다는 좀 더 치열하고 투쟁적인 느낌을 주기에 '너 죽고 나 살자' 하는, 조금은 지나

칠 정도의 살벌한 느낌을 준다. 마치 초원에서 맹수의 공격에 목숨을 부지하기 위해 죽기 살기로 싸움을 벌이는 일과 같다고나 할까. 아무튼 등골이 오싹해지는 그런 느낌이 든다.

이렇듯 상대를 이기기 위한 다소 살벌한 게임을 자주 보다 보니, 구스타프 베겔란의 조각공원에 있는 모노리스 석탑이 떠오른다. 그것은 지난해에 노르웨이의 오슬로에 가서 보게 된 것인데, 그 모노리스 화강암 기둥에는 121명의 남녀노소가 정상을 향해 서로 밀치며 올라가는 모습이 부조로 형상화 되어있다.

인간의 무한한 욕망과 투쟁, 희망과 슬픔을 농축시켜 인생에서 낙오되지 않으려고 안간힘을 다하여 정상을 차지하려는 원초적인 감정 상태를 역동적으로 표현한 것으로, 그 조각품을 보노라면, 그들의 고통스러운 모습에 인간은 슬픈 존재라는 생각이 들지 않을 수 없다. 남을 밀쳐내고 올라가는 그들 각자는 바로 너와 나이며, 우리들이기 때문이다. 예나 지금이나 인간의 욕심은 더해지면 더해졌지 덜하지는 않을 터이기에 더욱 그 형상들이 섬뜩하게 다가선다.

일찍이 올더스 헉슬리는, 미래에는 우월한 인자만이 살아남는다고, 그의 공상소설 「멋진 신세계」에서 말했다. 즉 그는 복제 인간을 알파, 베타, 감마, 델타, 엡실론 등의 5등급으로 분류하여 알파와 베타 등 상급태아들은 세포분열이 잘 이루어지도록 영양분을 공급하고, 나머지 세 등급은 생온의 심한 변화 속에서 자라도록 함으로써 열등한 인자들을 만드는 것이다. 다시 말하면, 우월한 인자가 세상을 차지하도록 하고 열등한 인자들은 차츰 도태시키는 것이다. 이처럼 그는 앞서서 미래의 위험을 예시했다.

그러나 게임에서 우승자가 단 하나이듯 오로지 우월한 인자만이 살아남는다면, 이 세상은 충돌만이 난무하는 혼돈의 세상이 될 것이다. 그러기에 생각을 하면 할수록 두려움이 앞서는 세상이지만, 그것 또한 발전을 위한 계기로 전환되리라고 생각한다. 게임은 결국 게임에 지나지 않으므로.

2 · 긴 악수를 나누다

네바 강에서 만난 눈빛

'북방의 베니스'로 불리는 러시아의 상트페테르부르크. 그 도시를 상징하는 네바 강에서 나는 유람선을 타기 위해 부두를 서성이고 있었다.

맑은 날씨인데도 강바람이 몹시 불어서인지 5월인데도 서늘하게 느껴졌다. 그런 느낌이 드는 것은 피상적으로 생각해 오던 사회주의 공화국에 대한 이미지 때문인가, 아니면 헬싱키에서 고속열차 알레그로를 타고 러시아에 막 들어섰을 때 보이던 철길 건너편의 허름한 건물들이 주던 위압감 때문일까. 그 건물들 벽에는 색색의 페인트로 알지 못할 러시아 언어들이 섬뜩할 정도로 무질서하게 난사돼 있었다.

하지만 러시아는 외부에서 보이는 것보다는 내부로 들어갈수록 아름다운 예술품들을 잘 보존하고 기리고 있었다. 러시아 황제와 귀족들의 휴양지였다는 '여름궁전'이나, 초일류 박물관으로 이름난 '겨울궁전'의 그 화려하고 웅장함은 보는 이를 압도하고도 남음이 있어, 새삼 두 얼굴을 가진 야누스의 이중성을 느낄 수 있었다. 그러나 이런 개념은 인간이나 국가나 다를 바가 없기 때문에 새삼스러울 것도 없다.

기다리던 유람선이 물살을 가르며 모습을 드러냈다. 배는 그다지 크지는 않았지만 승선해 보니 실내는 깨끗하고 조용했다. 그것은 자주 운행하기 때문에 승객이 적은 탓이기도 했다.

사실 바다가 아닌 강을 운행하는 유람선이라는 것은 물살을 가르며 가는 시원함 외에, 강을 둘러싸고 있는 건물들을 바라보는 재미를 빼면 그다지 남는 것도 없기에 흥미로운 일은 아니다. 다만 낯선 도시에서는 일일이 찾아가 보지 않아도 강에 접해 있는 그 나라의 건축 문화의 일부를 한눈에 볼 수 있다는 장점이 있기에 선뜻 승선을 하게 된 것이다. 물의 도시, 베네치아에서는 수중 택시인 곤돌라를 타고 물에 잠긴 도시 건물을 바로 옆에서 스치며 지나가는 것을 관광의 백미로 꼽기에, 그것에는 미치지 못하지만 러시아라는 지역적인 특성이 주는 묘미도 있었다.

내가 춤꾼 청년을 만난 것은 바로 그 유람선 안에서이다. 배 안에는 관광객이 올 때마다 그 나라의 민속무용을 추고 여러 악기로 러시아 민요를 연수하는 유랑악단이 대기하고 있었다.

그들은 여섯 명 정도가 한 팀이 되어 러시아 전통악기인 비트가 강한 발랄라이카와 만다린, 아코디언, 색소폰으로 어우러진 절묘한 선율로 앙상블을 이루었다. 그리고 그 음악에 맞춰 솔로와 페어로 폴카와 왈츠를 추었다.

그 춤꾼은 그들 중에서 제일 어려 보이는, 곱상하게 생긴 청년이었다. 그는 음악에 맞추어 다리를 굽혔다가 펴고 또 몸을 팽이 돌리듯이 돌리며 다양한 동작을 보여 주며 솔로로 쁠라스카를 추기도 했고, 여자 무용수와 페

ЛОМБАРД
24
ЦВЕТЫ
ПОДАРКИ
СКУПКА
souvenirs
souvenirs

어로 왈츠를 추기도 했다. 그럴 때마다 화려한 색깔의 민속의상을 입은 그와 그들은 한 송이 커다란 꽃이 되어 좁은 배 안을 빙빙 돌며 화사한 화단을 만들었다. 그 안에서 그 꽃들은 환희와 슬픔으로 피기도 하고 지기도 했다.

나는 유독 해사한 얼굴을 한 그 청년이 춤추는 것을 바라보면서 그의 표정을 유심히 살펴보았다. 그것은 그가 리듬에 맞추어 춤을 추면서 입으로는 미소를 짓고 있었으나, 눈빛은 슬픔을 잔뜩 머금고 있었기 때문이다. 맑고 파란 눈의 그가 너무 앳돼 보여 그런 생각을 하게 된 것인지, 아니면 그의 염소 같은 턱수염이 시니컬해 보여서 그런 느낌이 들었던 것인지는 잘 모르겠다.

반면에 그와 파트너가 되어서 춤을 추는 어린 여자 무희는 연신 생글거리며 그를 바라보고 눈을 맞추려고 했다. 그러나 공허한 그 청년의 눈빛은 춤을 추면서도 다른 곳을 향하고 있었다. 그러다가 그는 자기의 춤곡이 끝나고 다른 사람의 차례가 되면 얼른 창가로 가서 창밖의 강물을 무심히 바라본다거나 발끝만 바라보며 무대에서 시선을 거두었다. 그럴 때면 권태롭지만 생계를 위해 할 수 없이 몸을 움직이고 있는 듯한 가련함이 그를 감싸고 있었다.

한바탕 연회가 끝난 뒤에 밀려오는 허전함처럼 그들의 노래와 춤이 끝나자 네바 강을 배경으로 바라보이는 건물들조차 뭔가 암울한 분위기를 품고 있는 듯 보였다. 마치 춤꾼이면서도 춤을 추기 싫어하는 그 청년처럼….

유람선이 부두에 닿자 나는 하선을 하면서도 그 청년의 우울한 표정이 계속 머리에 남아 인사차 뒤돌아보았다. 역시나 그는 다른 악사들과는 달리 무심히 강물만 내려다보며 승객들에게 눈인사는커녕 쳐다보지도 않았다.

상트페테르부르크에서의 일정을 끝내고 모스크바로 향했다. 그곳에서 러시아 젊은이들의 거리라는 '아르바트 거리'를 걷게 되었다. 러시아 귀족들이 모여 살았다는 그 거리에 푸시킨 동상이 있다고 하여 가보려고 벼르던 참이었다. 오후의 강렬한 햇살이 거리를 비추고 있어서인지 사람들은 그리 많지 않았으나, 무명화가와 악사들이 진을 치고 햇빛 속에 앉아 있었다. 나는 푸시킨 동상 앞에서 그의 삶과 어이없는 죽음과 그가 남긴 시를 생각하고 있었다.

마침 그때 한 떼의 젊은이들이 몰려오더니 길바닥에 그대로 주저앉아 음악을 틀고 서너 명이 신나게 춤을 추기 시작했다. 그들은 이즈음 세계적으로 젊은이들 사이에서 유행하는 비보잉, 팝핑, 브레이킹, 브레이크댄스 등을 아무거리낌 없이 번갈아 추면서 흥겨워하였다. 길 가던 관광객들은 너나 할 것 없이 그들의 춤동작에 덩달아 흥겨워하며 몸을 들썩이기도 했다. 우리의 대학로에서도 흔히 보게 되는 광경이지만 그날따라 그들의 자유스러움이 보기에 좋았다.

그런데 그 젊은이들이 자유자재로 움직이는 춤동작을 보고 있자니 갑자기 네바 강 선상에서의 그 춤꾼 청년이 다시 떠오르며, 그의 해사한 얼굴에 가려진 음울한 얼굴과 깊으면서도 공허한 눈동자가 내 시야를 가렸다. 그는 정해진 공간과 시간에 정해진 룰대로 춤을 추는 신세라면, 아르바트 거리에서 자유자재로 춤을 추는 이 젊은이들은 자유, 그 자체를 즐기는 것이 아닌가. 억압과 자유의 차이란 이런 것이 아닌가하는 생각에 마음이 무거웠다.

모든 일정을 끝내고 모스크바를 떠나오는 길목에서 뒤돌아볼 즈음, 여행이 끝났다는 아쉬움과 함께 유람선 안에서 민속춤을 추던 그 청년의 고뇌하는 모습이 또다시 고개를 들었다.

왜일까?

아하! 그것은 그의 서늘하고 쓸쓸해 보이는 그 눈빛 때문이었다. 아르바트 거리에서의 자유로운 젊은이들의 눈동자는 밝고 활기찬, 강렬한 여름 햇빛 같았다. 하지만 네바 강에서의 그 춤꾼의 눈빛은, 내 얼굴이 박힌 사진을 내게 강매하려고 중국의 천자산 중턱에서 내게 쉬지 않고 달라붙던 어린 사내아이의 원망과 애원이 담긴, 맑고 그윽하고 어둡고 외로운 눈빛과 다름없었다.

또한 그 눈빛은 프라하의 밤거리에 걸려있던 현수막에서 본 카프카의 어두우면서도 강렬한 눈빛이었다. 자유보다는 정신적인 억압의 굴레 속에서 살다가 폐결핵으로 41세 나이에 생을 마감한 카프카. 그는 그 서럽도록 아름답고 강한 눈빛을 풀어내지 못하고, 그렇게 갔다. 나는 카프카가 만년에 많은 작품을 썼다는 파란 대문이 있는 황금소로에 가긴 했지만 그의 작품들이 소장되어 있는 그 집안에는 들어가 보지도 못했다. 그래서인가 밤거리에서 본 그의 눈동자는 오랫동안 내게 가슴앓이를 하게 했던 예전 그대로 남아 있다.

이제 네바 강에서 만난 그 춤꾼의 눈빛도 내 마음 한쪽을 차지하려는가.

그들의 눈빛은 젊은 날 내 마음을 움직이던 카프카를 닮은, 그의 강한 눈빛이기도 하다. 이 가을, 그들의 눈빛이 나를 향해 몰려든다. 이젠 자유를 달라고.

그리움의 보고서

황소가 누군가를 부르고 있다. 벌렁거리는 코와 혀가 보이도록 크게 벌린 입이 애타게 누군가를 부르며 목청껏 울부짖는 것 같다. 나는, 이중섭의 많은 작품 중에서 상반신만 그려진 이 황소 그림만 보면 가슴이 시리다. 이 그림을 두고 어느 평론가는, 이중섭이 태어난 평원군의 노을을 보고 그 감회를 표현한 것이라고 했지만, 그보다는 아내와 아이들을 일본에 있는 처가에 보내고 그들을 그리워하며 홀로 외로움을 견디며 못내 보고 싶은 마음을 표현한 것 같아서 그 모습이 예사롭게 보이지 않는다. 그러기에 황소의 검은 큰 눈에서는 금방이라도 굵은 눈물이 뚝뚝 떨어질 것 같아 애처롭기도 하고, 어찌 보면 그 자신을 향한 분노에 찬 모습 같기도 하여 더욱 안쓰럽다.

또한 지그시 눈을 내리뜨고 담배에 불을 붙이는 모습의 사진에서는, 반듯한 이마와 깊은 주름살, 아래로 향한 눈, 맞닿은 두 손에서 절체절명의 고독이 진하게 느껴진다. 모든 사념을 초월한 듯한 표정과 검은 눈썹 아래 드러난 홀쭉한 볼과 손가락 사이에 있는 담배를 향한 그의 시선 때문이다.

또 조카가 소장했다가 최근에 공개한 이중섭의 유일한 자화상에서는 꾹 다문 입술 사이로 접어둔 많은 말들이 조금이라도 감정을 건드리면 폭발할 것처럼, 노여움이 눈동자 속에 가득히 서리어 있음을 감지할 수 있다. 그 자화상은 항간에 떠도는 소문에 자신이 '미쳤다'는 소리를 듣고 그 말을 부정하는 의미로 그린 것이었다.

여러 가지 점에서 중섭과 공통점이 있는 고흐는 여러 편의 자화상으로 자신의 감정 표현을 나타냈지만, 중섭은 사물을 창조물로만 인식할 때 더욱 빛나는 작품이 된다는 이유로 거부해 왔던 자화상이었나. 머릿속에 들어있는 이상과 천재성을 캔버스에 다 표현할 수 없어 몸부림치면서도 쉴새없이 작업을 하던 고흐처럼, 이중섭도 대상의 영혼을 담으려는 강렬한 표현 욕구를 가지고 그림을 그렸다.

그가 주제로 삼은 소, 닭, 게, 물고기, 바다 등과 어린아이들이 바닷가에서 벌거벗고 노는 모습이나 가족의 단란한 정경의 그림은 대부분 가족들과 서귀포에서 생활할 때 그렸으며, 그 그림들은 한 편의 동시나 동화와 같은 느낌을 준다. 그러나 극심한 생활고로 아내와 아이들을 일본에 보내고 난 뒤에 고독 속에서 그린 작품들은, 아이들의 모습을 천진스럽게 그렸어도 왠지 마음이 출렁거리는 여운을 남기기에 그리움의 보고서와 같다.

자신과 일본에 있는 아내를 닭으로 의인화시켜 그린 '환희'에서는, 그 가녀린 다리를 지닌 닭들의 눈물겨운 애정표현에 숨겨진 외로움과 그리움이 마냥 흘러서 보는 사람의 가슴을 뭉클하게 한다.

그가 일본에 있는 아내에게 보낸 편지를 보면 이보다 더한 사랑이 있을까하여 그 절절한 사랑에 더욱 목이 멘다. 그 편지가 공개되어 있는 전시장 한 쪽에서는 많은 여인들이 발걸음을 옮기지 못하고 손수건을 꺼내 든다. 이미 세월 저편으로 사라진 여린 한 화가의 가슴 저미는 사랑의 고통이 그녀들에게도 전이된 것이다.

어떠한 부부가 사랑을 한다 해도, 어떠한 젊은 사람들이 서로 사랑한다고 하더라도 내가 현재 영원히 당신을 사랑하고 소중하게 여기고 있는 열렬한 애정만한 애정이 또 없을 것이다.

일찍이 역사상에 나타나 있는 애정의 전부를 합치더라도 우리가 사랑하는 것에는 비교가 되지 않는다.

사랑, 그 하나를 위해 현해탄을 건너와 가정을 이루고, 이제는 결혼생활의 지난한 삶 때문에 아이들까지 데리고 가버린 아내가 원망스러우면서도 중섭은 그녀를 잊을 수가 없었다. 더군다나 아이들도 그녀와 함께 있기에 보고 싶어 견딜 수가 없었던 것이다.

그는 이렇게 절절한 애정표현을 글로 그림으로 표현하며 그리움을 달래었다. 그림에서 엿보이던 짙은 페이소스는 그 당시 그의 내면을 보여준다.

궁핍과 고독, 그리움을 그림으로 풀어가는 이중섭. 대저, 천재로 불리는 예술가들은 번뜩이는 광기와 평범한 이들이 이해 못할 행동으로 '미쳤다'는 소리를 듣기도 하며, 거의 정상적인 가정생활을 하지 못하고 가족에 대한 진실한 감정도 실은 없는 경우가 대부분이다.

중섭은 그를 사랑하는 아내와 아이들이 있었지만 가족보다는 예술에 자신을 함몰시켰기에 생활이 이어질 수 없었다. 그러나 고흐가 그를 위해 헌신적이었던 동생 테오가 있었기에 그림을 그릴 수 있었던 것처럼, 중섭도 조카와 그를 아끼는 지인들이 있었기에 비록 고흐처럼 지속적인 도움을 받지 못했지만 어려움 속에서도 붓을 놓지 않고 예술혼을 불태웠다.

두 사람은 병으로 시달리면서도 많은 작품을 남겼는데, 고흐가 권총 자살로 죽기 전에 마지막 예술혼을 불살라 하루 한 점씩 70일간 70점을 그린 것까지 합쳐 8년의 세월 동안 4백여 작품을 남겼듯이, 이중섭도 피난 시절의 궁핍한 생활 속에서도 3백여 점의 작품을 남겼다. 그들은 끊임없이 그림을 그리면서도 영혼이 병들어 자신을 학대하였기에 육체 또한 쇠약해졌다.

급기야 만성간염과 정신분열증으로 병원에 입원했던 이중섭. 그는 불편한 병실에서도 은박지에다 손톱으로 그림을 그리더니 끝내 가족과 조우하지 못하고, 꿈에도 그리던 아내와 아이들을 가슴에 묻고 40세의 나이에 비참한 죽음을 맞이했다. 화가이면서 시인이었던 그는 즐겨 폴 발레리나 릴케, 베를렌느, 보들레르의 시를 애송하고 노래하기도 좋아하였다고 전해진다.

그가 병원에서 쓴 낙서를 보면 정신이상이라는 병명보다는 마음의 병이 극도로 육체를 좀먹어 들어간 것으로 생각된다.

세월은 우리의 연륜을
묵혀가고
철따라 잎새마다 꿈을 익혔다

뿌리건만

오직 너와 나와의

열매와 더불어

종신토록 이렇게

마주서 있노라

많은 지인들이 있었음에도 동행할 수 없는 죽음이라 그러했던가. 고독한 그의 운명 탓인가. 죽은 후에 무연고자로 취급되어 3일간이나 병원시체실에 시신(屍身)이 방치되었던 그의 마지막 길은 실로 서럽고 서러웠다. 가족조차도 살아생전에는 서로 헤어진 후 만나지 못하더니 죽어서도 해후하기가 그토록 어려웠던 것인지, 그의 뼛가루는 죽은 지 1년이 지난 뒤에 일본에 있는 아내에게 아주 가벼운 중량으로 반만 전해졌다.

그러나 이중섭, 그는 죽었어도 살아있다. 세인들의 가슴속에 말없이 일어나는 그의 작품에 대한 사랑과 그를 향한 연모의 불꽃이 해마다 거세어지는 한, 그는 영원히 살아있는 것이다.

기시감(旣視感)과 판타지

나는 예전부터 순간마다 느껴지는 기시감을 자주 경험한다. 그럴 때마다 지금 있는 곳이 과거인가 현재인가, 내가 과거의 나인가 현재의 나인가를 알 수 없어 정신이 혼미해지곤 한다.

한 번도 경험한 적이 없거나 와본 적이 없는 장소인데도 어딘지 모르게 친숙하게 느껴지는 기시감(旣視感). 지난 옛 시대의 어느 곳에 타임슬립(시간여행)해서 공간이동을 한 상태에 있는 것 같은 그런 일이 왜 자주 일어나는 것일까. 나는 판타지 소설이나 게임, 공상과학 영화 등을 좋아하는 편이 아니라서 이런 아리송한 상황을 어떻게 받아들여야 할지 난감할 때가 자주 있다.

지난해 하반기에 퓨전 판타지 사극 드라마「신의(信義)」를 보게 되었다. 제목 그대로 신의(信義)를 주제로 하고 있는 이 드라마는, 우리가 역사에서 익히 알고 있는 고려시대의 무사 최영과 현대의 성형외과 여의사와의 시공을 초월한 애절하고 아름다운 사랑과 공민왕을 진정한 왕으로 만들어 내는 과정을 그린 것이다.

또한 판타지 장르답게 최영은 내공을 쓰는 무사로 사람의 몸을 고치는 의공과 무공을 내보이는데, 의공에는 몸 안의 상처를 태우는 화공과 얼려서 치료하는 빙공, 초음파 같은 음공, 정신치료인 염력까지 가미했기에 더욱 재미를 배가(倍加)시켰다.

하지만 무엇보다도 이 퓨전 판타지 사극을 보고 내가 말하고자 하는 것은, 평소에 자주 느끼는 기시감을 극중의 의선(현대의 여의사를 고려에서는 하늘에서 왔다고 하여 이렇게 불렀다)에게서 발견한 것이다.

여기에는 과거의 그녀가, 미래에 끌려온 그녀에게 남긴 몇 가지 장치가 나온다. 즉, 과거의 그녀가 미래의 그녀에게 남긴 유물인 다이어리와 편지, 그녀가 쓰던 수술도구, 영상이 나오는 녹슨 녹음기 등이다. 그리고 그녀가 남겼던 과거의 그 다이어리에는 현대의 그녀 이름이 명확히 쓰여 있다. 과거의 그녀가 쓴 것이다.

또한 어느 날 의선이 현대로 돌아가기 위해 길을 가다가 계곡의 바위틈에서 타임캡슐 필림 통을 발견한다. 그 안에는 백 년 전에 그녀가 미래에 겪게 될 일을 적어 놓은 편지가 빛바랜 채 들어 있었다.

"여기라면 백년 뒤의 네가 발견해줄 수 있을까. 그런 기적을 믿을 수는 없지만 그래도 소망은 남아서…."

그것은 지금 할 일을 후회하지 말라는 간곡한 충고의 메시지였다. 또 이런 말도 있었다.

"그날의 모든 일들을 기억해. 난 미래의 너야."

나는 그 장면을 보면서 순간적으로 소스라쳐 놀랐는데, 그것은 이 작가

도 나처럼 기시감을 자주 느끼기에 이런 드라마를 쓰게 된 것은 아닐까 하는 생각 때문이었다.

뚜렷이 기억할 순 없지만 내가 와본 적이 있고 만져본 적이 있는 친근한 느낌을 주는 장소와 물건, 또는 언젠가 보았던 사람을 보는 듯한 놀라움은 극 중에서와 같이 내가 몇 백 년 전에도 살았고 다시 그 기억을 더듬으면서 살고 있는 것이 아닌가하는, 윤회의 수레바퀴를 돌고 도는 느낌이 들었다.

사실 퓨전 판타지 사극으로 말하면, 몇 년 전에 방영되었던 「태왕사신기(太王四神記)」도 있었다. 그 드라마는 고구려 강서고분벽화의 사신도(四神圖)에 그려져 있는 사신을 드라마 속에 등장시켜, 사신과 함께 광개토대왕이 제대로 된 왕으로 되어가는 과정을 그렸다. 「신의」보다는 컴퓨터 그래픽을 더 과감하게 사용해서 신비로운 느낌을 준 것으로 기억된다.

기실 세상은 아날로그에서 디지털로 바뀌면서 우리나라에는 1990년 초부터 컴퓨터를 통해 조직된 동호회를 중심으로 외국의 판타지가 들어왔다고 한다. 그 뒤로 J.R.R. 톨킨의 「반지의 제왕」이 번역 출간되었고 컴퓨터 영상이 발전하면서 판타지 영화가 등장하게 되었다. 하지만 우리나라의 판타지는 이런 것보다는 컴퓨터 사이트에서 롤플레잉 게임과 판타지 애니메이션, 만화에 영향을 받았다고 한다.

하지만 「반지의 제왕」처럼 서구의 판타지는 환상을 바탕으로 한 허구적인 구성물로서 보고 난 후에는 잊어버리게 되지만, 우리의 퓨전 판타지 서사극은 역사를 바탕으로 하기에 상상력을 바탕으로 하는 공상과학이 차츰 현실화 되고 있는 것처럼 쉽게 잊혀지지 않는다. 그러기에 영화, 소설, 드라마도 차츰 퓨전 판타지가 많이 등장하고 있는 추세이다. 그것은 멜로나 액션을 현실보다는 거부감 없이 더 드라마틱하게 만들 수 있다는 장점 때문이다.

환상은 존재하지 않는 대상을 마음속에서 감각적으로 만들어 내는 것이라 했지만, "환상성은 당신이 거의 믿을 수 없을 만큼 실재적인 것에 근접해야한다."는 도스토옙스키의 말이 「신의」의 판타지 서사극을 일어날 수도 있는 일처럼 여기게 한다.

윤회의 한 자락으로 생각되는 기시감은 때때로 나를 과거의 어느 순간으로 이끌어 놓는다. 그래서 나도 몇 백 년 전의 과거 속으로 들어가서 「신의」의 의선처럼 과거의 역사적인 인물을 만나게 될 수도 있으려나 하는 생각을 그 드라마를 보면서 꿈꾸게 되었다. 내게는 절대로 일어날 것 같지 않은 일이지만 그래도 희망의 끈을 놓지 않고, 이제는 은근히 기시감을 자주 경험하기를 바라고 있다.

피라미드에 묻힌 영광

이집트의 수도 카이로의 한낮은 아스팔트를 녹여버릴 듯 불볕을 퍼부었다. 지도상으로는 아프리카와 아시아 사이에 위치하지만 아프리카 쪽에 더 가까운 듯, 여름이 채 되기도 전부터 그 열기는 상상을 넘어선다. 반면에 도로변의 회색빛 건물들은 반사적으로 빛을 잃어 생기가 전혀 없었고, 몇 집 건너 한 채씩 짓다가 그만둔 건물들은 을씨년스러워 보였다. 더욱이 피라미드가 있는 가자의 평원을 향해 가는 길이라 번화하지 않아서 그런지 도로변인데도 사람이 살지 않는 빈집들이 눈에 많이 띄었다.

그것은 주민들이 세를 낼 돈이 없어서 살다가 나가기도 하고 아예 입주조차 하지 못하는 경우가 대부분이어서 빈집인 채로 그냥 놔두기 때문이라고 했다. 당장은 흉물스러워도 해결할 별다른 도리가 없다는 현지 가이드의 설명이 없었다면, 누구라도 고개를 갸웃거리지 않을 수 없는 광경이었다. 그 단면적인 것만 봐도 60년이라는 긴 세월 동안 무라바크 정권의 군부독재로 국민들의 생활이 얼마나 피폐해졌는지 느낄 수 있었다.

하지만 그렇더라도 이 정도로 환경이 열악하리라고는 상상조차 해보지 않았기에, 간접적으로 이 나라에 대해 알고 있는 것과 직접 눈으로 보는 것과의 괴리감을 느끼지 않을 수 없었다. 그것은 오랫동안 가슴에 품어 왔던 옛 연인을 몇 십 년 뒤에 만나보고 그 변한 모습에 실망하는 것과 같은 그런 아쉬움과 안타까움이었다.

나는 중학교 시절부터 세계 여러 나라의 역사와 문화에 관심이 많아 그 과목을 좋아했기에(세계사 선생님이 미남이었던 것도 한몫을 한다), 늘 그 나라와 도시들을 가보고 싶은 로망을 가슴속에 품고 있었다. 세계 여러 나라 중에서도 내 경우엔 다양한 신들이 있어 이야기가 풍성한 그리스, 로마와 이집트 등이 늘 마음에 있었다. 그러다가 몇 년 전에 크리스티앙 자크의 소설 「람세스」 전집을 읽고는, 람세스 2세와 그의 부인 네파르타리에 매료되어 이집트에 가서 그들의 자취를 꼭 더듬어보리라고 내내 벼르다가 마침내 길을 떠나게 된 것이다.

그런데 내가 이처럼 가보려고 하던 이집트를, 나보다 한 세기 반 정도 앞서 살았던 귀스타브 플로베르도 12살 때부터 16년을 벼르다가 28살 되던 해에 친구 막심 뒤캉과 함께 이 나라로 떠났다고 한다. 그는 나와는 달리, 이집트에 가서 낙타를 모는 사람이 되어 하렘에서 코 밑에 솜털 자국이 있는 올리브빛 피부의 여자에게 동정을 잃고 싶다는 다소 엉뚱한 꿈을 안고 그 먼 길을 떠났다.

이처럼 세기를 뛰어 넘어 많은 이들이 열망하는 이집트는 나일강을 중심으로 가장 오래된 문명이 발생되었던 곳이다. 그러기에 국토 전체가 살아 있는 박물관이라고는 하지만 파손된 곳이 거의 많아, 목적지인 고왕국의 피라미드와 스핑크스를 향해 버스를 타고 이동하면서 평소 품고 있던 생각과 다른 이집트의 풍경에 계속 놀라움을 금치 못했다. 플로베르 역시 이집트에 오자 자신이 오랫동안 생각했던 것과 똑같지는 않다는 것을 발견하고 실망했듯이, 나 역시도 그러했다.

그러나 저 멀리 거대한 피라미드와 스핑크스가 눈앞에 환상처럼 보이다가 현실로 다가서자 내 가슴은 심하게 요동치기 시작했다. 내 오랜 기다림이 현실화 되었다는 가슴 벅찬 만족감과 설렘 때문이었다. 급한 마음에 나는 버스에서 내리자마자 그곳을 향해 달려 나갔다. 하지만 앞서도 말했듯이 현실은 늘 상상을 비웃으며 꿈의 한 귀퉁이를 먹어 버린다.

나와 일행들이 피라미드 앞에 채 닿기도 전에 'one dolllar'를 외치며 모래 먼지가 잔뜩 낀 사진첩과 손때가 잔뜩 끼어 있는 목각인형(파라오와 그의 부인) 등을 강매하는 이집트의 젊은 청년들과 어린애들이 떼를 이루어 앞을 가로막았던 것이다. 그들이 막무가내로 물건을 사라고 옷을 붙들고 늘어지는 바람에 한 걸음도 옮길 수가 없었다. 때문에 나는 피라미드 곁으로 가려고 어이없는 고생을 해야만 했다. 대부분의 사람들은 강하게 뿌리치고 가긴 했지만 나는 피로와 굶주림에 핏발 선 그들의 모습에 질려 어찌할 바를 몰랐다.

사실 이곳에 오면 영화 「버킷 리스트」 속의 프리 모건과 잭 니콜슨처럼 피라미드의 꼭대기에 올라가서 멀리 카이로 시내를 내려다보려고 별렀는데, 그런 작은 희망은 사막의 뜨거운 햇볕 속으로 증발해 버리고 피라미드 아래의 한 귀퉁이에서 이리저리 쫓기다가 뒤돌아서고 말았다. 하는 수 없이 멀리서 사진 몇 장 찍는 것으로 내 오래된 꿈을 달랠 수밖에 없었기에 너무 속상하고 아쉬웠지만, 그들의 횡포가 두려워서 도저히 용기를 낼 수가 없었다. 그러나 이내 현실의 그들을 멀리하고, 나는 과거 속에서의 이집트를 눈앞에서 다시 바라보았다.

이집트는 구약성서의 「창세기」처럼 체계적인 신화는 없지만 3천여 년이 지난 지금에도 각지에 있는 신전의 각문 등에 희미하게나마 신들의 계보에 관한 기록이 남아 있어 과거와 현재가 공존하고 있다. 무엇보다도 이집트 건축의 정점으로 알려져 있고 스핑크스와 함께 이집트를 대표하는 피라미드는 일부 왕실 가족만을 위해 지은 것이기는 하지만, 고대 이집트인들의 내세신앙을 반영한 것으로 그 시대의 종교와 문화를 대변하고 있다.

이집트인들은 현세에서는 죽어도 그 영혼은 죽지 않으며 사후세계에 간 영혼이 다시 돌아온다고 믿었다. 그러므로 시체를 미라로 만들어 묘소에 안치했던 것이다. 그로 인해 이집트에서는 시체를 보존하는 신기술이 발달했으며, 이어질 사후의 삶을 위해 자신이 소유하던 풍부한 부장품들과 함께 거느리던 종속들도 모두 이 피라미드에 생매장 되었다. 그런데 나는 줄곧 왜 피라미드를 삼각형으로 만들었을까를 생각했는데, 그것은 창세신화에 나오는 '언덕' 때문이라는 것을 어렴풋이 알게 되었다. 물론 과학적인 면을 배제하는 것은 아니지만 무엇보다 그들의 종교와 신화는 하나라고 볼 수 있기 때문이다.

이집트 창세신화에 나오는 벤벤(Ben-Ben)이라는 언덕은 태초 혼돈의 암흑 바다(나일 강) 속으로부터 불쑥 솟아 올라온 것으로, 그 언덕에서 아톤이 스스로 존재하여 최초의 창조신인 태양신이 되었다. 그러니까 이 언덕이 중요한 모티브가 되는 것이며, 피라미드는 이 언덕을 상징하는 것이다. 고대 이집트인들은 그들의 신화에 의하여 죽음과 삶이 하나로 이어지는 것이라고 믿었기 때문이다. 또 이집트인들은 신들이 동물의 모양으로 내세할 수 있다고 믿었기 때문에 동물들도 미라로 만들어 매장하는 등, 동물숭배 사상이 지배적이었다. 책이나 사진에서 보는 이집트 신화에서 신들의 머리가 동물의 형태를 한 것은 이런 다신교를 숭상하는 의미가 있는 것이다.

이러한 신들의 대리자라고 칭하던 파라오들은 권세를 내세우며 나라를 지배했다. 그들 중에 내가 만나고 싶어 하던 람세스 2세는 여러 명의 파라오 중에서도 가장 강력했으며 나라를 번영으로 이끈 지도자였다. 그는 자신의 통치기간 동안 많은 신전을 세웠고 그 신전 앞에는 반드시 자신의 이름을 새겼을 뿐만 아니라, 곳곳에 자신(람세스 2세)의 거대한 조각상들도 세웠다. 지금은 대부분 거의 파손되어 흉물스럽게 변했지만 가는 곳마다 그의 모습이 보이지 않는 곳이 거의 없었다. 그가 그토록 사랑했던 네피르타리 왕비의 석상은 그다지 눈에 띄지는 않았지만, 어디를 가나 람세스 2세의 석상은 우뚝 서서 버티고 있었다. 그 정도로 그는 자신의 석상을 많이 만들어 자기가 최고의 통치자임을 대내외적으로 각인시킨 것이다. 특히 아부심벨 신전은 돌을 파서 만든 암자식 신전으로 입구의 세워져 있는 4개의 거대 석상 모두 람세스 2세인데 평원을 주시하고 있는 듯 보였다. 이 석상들은 높이가 22m나 되는데, 람세스 2세가 이집트를 침범하는 적들에게 경고하기 위한 석상으로 위엄과 적개심을 표현한 것이라 그런지 표정이 근엄해보였다. 그 석상들의 표정을 보니 마치 사찰 문으로 들어가기 전에 만나게 되는 사천왕들이 연상되었다. 그 표정만으로도 위압감을 느끼게 되는 절 지킴이처럼 람세스 2세도 적들이 들어오는 것을 막기 위해 지키고 있었다. 그래서인지 죽어서라도 자신의 위용으로 나라를 지키고자 했던 그의 마음이 무한히 이어지는 듯 느껴졌다.

열망이 크면 실망도 큰 것인지, 그토록 이집트에 오고 싶어 하던 플로베르는 정작 도착해서는 며칠이 지나자 금세 지루해하더니 자기의 생각과 다른 모습에 실망감을 계속 떨치지 못하다가, 막상 이 나라를 떠날 시간이 되자 '언제 내가 다시 야자나무를 볼까? 내가 언제 다시 단봉낙타를 볼까' 하고 괴로워했다. 그리고 세월이 흘러 죽음을 며칠 앞두고서는 조카딸에게 이집트의 야자나무를 보고 싶다는 간절한 욕망을 토로했다고 한다.

그는 왜 옛 연인을 대하듯 이집트를 그토록 마음에 품고 있었을까 하는 생각이 모래바람처럼 사막을 휩쓸고 지나간다. 그와는 다소 다르지만, 나 역시도 이집트의 피라미드와 람세스 2세가 시간이 지날수록 다시 보고 싶어 그 열망에 사로잡히게 될지도 모른다. 그것은 이집트를 30여 차례를 여행했다는 크리스티앙 자크나 플로베르처럼 이집트를 가슴으로 사랑하는 것과 다름이 아니라고 생각한다.

내가 이집트를 떠나면서 룩소르의 아부 신전에 있는 람세스 2세의 시선이 멀리서도 느껴졌다면 그건 열망의 한 증거가 되는 것은 아닐까한다. 하기야 현실에 있는 인물보다는 책 속에 있는 과거의 인물에게 자주 반하는 나의 습관적 열애의 한 망상일지도 모르겠다.

지금의 이집트는 옛 번영과 영광이 사라지고 과거는 피라미드와 평원의 계곡 속에 묻혀졌지만 고왕국의 유물과 유산이 있는 한, 옛 영화를 다시 재현할 수도 있으리라는 막연한 바람을 나일강에 띄우며 나는 이집트의 경계선을 나섰다.

긴 악수를 나누다

미리 적어 보는 유언장

이제 나를 감싸고 있는 우주 만물의 모든 것들과 긴 악수를 나누려고 한다.

언제부터인가 늘 내 머릿속에서 맴돌던 죽음이, 이제 문턱에서 숨을 몰아쉬고 있다. 나를 무단히도 기다려온 듯 반가워하면서도 애잔해하는 표정이다.

참으로 긴 세월이었다. 내 의도대로 되는 일이 없는 세상에서, 나의 오랜 이상을 버리고 손수건만한 희망이라도 움켜쥐려고 안간힘을 쓰며 살아온 나날들. 이제 빛바랜 좌절의 시간들과 긴 악수를 해야겠다.

서러운 포옹은 선물이다. 시니컬한 표정과 마음을 담은.

전생에 나는 무엇이었을까.

인간으로 태어난 이승의 삶은 적잖이 우울하고 춥고 아팠다. 그것은 눈앞의 고지를 바라보면서도 직선의 길을 갈 수가 없어 아니, 갈 수 없도록 한 걸음 한 걸음마다 장애물이 길을 막고 있어 먼 길을 우회하여 걸었기 때문이다.

모든 이들이 가려는 직선의 길은 늘 붐볐다. 그만그만한 수준들이 단지 욕심만을 채우려고 들어서던 그 길 위로 비집고 들어갈 틈이 없었기에, 나는 늘 아웃사이더가 되어 먼발치에서 망설이며 실과 득을 재기만 하다가 스스로 나를 아웃시켰다.

이제 그 혼란함과도 긴 악수를 나누려고 한다.

그러고 보니 달갑지 않았던, 단지 외롭기만 했던 그 대열을 이제 기웃대지 않아도 될 것 같아 마음이 아주 편하다.

그래서인가, 나는 후생에 다시 인간으로 환생하는 일이 없었으면 좋겠다.

매사에 늘 어설프고 낯설어 남의 집에 놀러온 듯 주춤대며 살았기에, 이젠 그런 삶을 다시 시작하고 싶지 않기 때문이다.

그래도 환생을 하지 않으면 안 된다는 우주의 철칙이 있다면, 하늘을 제 마음대로 날아다니는 새로 태어나 세상을 주유하며 살다가 마음에 점찍어 둔 곳에서 날개를 접고 싶다. 새를 선택할 수 있다면 철새가 좋으리라. 한 철마다 오고 가는 그 자유로움이 내 정신을 잡아끈다. 전설이 깃들어 있는 새는 왠지 서글픔을 유발하기에 되고 싶지 않다.

내가 죽으면, 염도 하지 말고 그냥 죽은 모습그대로 벽제 화장터에서 화장을 한 뒤, 카프리 섬에서 지중해를 바라보며 내 혼이 깃들어 있는 뼛가루를 뿌려주기를 간절히 바란다.

내가 바다를 택한 것은 무한의 공간 속에서 떠다니고 싶은 열망 때문이다. 또한 멀리 있는 지중해를 택한 것은, 언젠가 가 본 적이 있는 쏘렌토와 나폴리를 거쳐 카프리 섬에서 본 그 환상적인 바닷물에 내 혼을 잠재우고 싶기 때문이다. 그 바다를 다녀 온 뒤부터 내 영혼은 늘 그곳을 향해 열려 있었다. 아마도 사후에 내가 가지고 갈 기억은 그곳의 풍광일 것이다.

지중해를 골분(骨粉)으로 떠다니며 나는 이승에서의 내 빛바랜 꿈들과 마지막 긴 악수를 나누고 싶다.

사랑하는 아들들아,

내가 너희에게 남겨줄 것은 물질보다는 정신이 우위를 차지한다. 현시대의 상황을 감안해서 볼 때 그다지 바람직한 일이 아닐 수도 있겠다. 그러나 내가 세상을 살아온 기반이 물질보다는 정신에 한하기도 하거니와, 무한대의 정신이 물질보다 한 수 위라는 것을 유념해 주기 바란다.

무엇보다도 나는 너희들에게 삶을 살아가는 굳건한 의지와 예술을 사랑하는 풍부한 감성을 심어 주었다고 자부한다. 그것은 눈에 보이는 물질은 아니지만, 삶이 고단할 때 커다란 위안이 되고 인생을 영위하는데 윤활유 역할을 한단다. 그러니 내치지 말고 가슴 가득히 담아두기를 바란다.

이제, 세상의 모든 것들과 서로 잊혀질 만큼의 긴 악수를 나눌 시간이다.

기억은 때로 아픔을 동반한다.

그러나 누군들 생이 아름답기만 했었을까. 누군들 생이 얼룩지기만 했었을까. 아름답거나 얼룩지거나 모든 것은 다 찰나에 지나지 않았다고 위안을 하면서, 지상에 영원한 작별을 고한다.

내가 만난 잊을 수 없는 사람

그는 늘 불안한 모습이었다. 무언가를 기다리는 것 같기도 하고 무언가를 이루지 못해 불만에 가득 차 있는 사람처럼 보이기도 했다. 굵게 쌍꺼풀이진 크고 둥근 그의 두 눈은 따스해 보이기도 했지만, 때로는 어딘지 모르게 공허하고 고독해 보였다. 그래서인가 그는 선뜻 다가서기 어려운 캐릭터였지만, 한편으로는 왠지 모르게 감싸주고 싶은 애처로움을 느끼게도 했다.

어느 날인가, 그는 독백을 하듯 뭔가를 혼자서 중얼거리고 있었는데, 그것은 이상(李箱)의 「날개」 중에서 프롤로그였다.

"박제가 되어 버린 천재를 아시오? 나는 유쾌하오. 이런 때 연애까지가 유쾌하오. 육신이 흐느적흐느적하도록 피로했을 때만 정신이 은하처럼 맑소. 니코틴이 내 횟배 앓는 뱃속으로 스미면 머릿속엔 으레 백지가 준비되는 법이오… 가공할 상식의 병이요…."

그럴 때의 그는 아달린이라도 삼킨 듯 몽롱해 보였다. 그 당시의 현실은 그에게 매일 아달린을 한 알씩 주는 「날개」 속의 아내와도 같았다.

그는 화가 집안의 맏이였다. 그러나 부친과의 심리적인 마찰로 불협화음을 이어나가고 있었기에 늘 홀로 섬에 유폐되어 있는 듯 고독 속에 잠겨 있었다. 화가로 이름이 알려지긴 했지만 경제적인 면에서는 대책이 묘연한 부친의 뒤를 이을 생각이 없었던 그는, 예술보다는 현실적인 삶을 원했다. 그는 삶의 기반을 이룰 수 없는 예술은 타고난 재능을 무용지물로 만들 뿐이라고 치부해 버렸다. 그는 합리적인 현실주의자가 되기를 원했던 것이다. 그것은 그가 어려운 집안의 맏이라는 환경적인 요인을 간과할 수 없었던 때문이다.

그렇더라도 그 역시 예술과는 거리가 멀지 않았던지, 그림은 물론이고 기타를 수준급으로 치고 음악을 좋아했으며 그 장르에 관해서는 해박한 지식을 가지고 있었다. 특히 재즈를 매우 좋아했는데, 그중에서도 흑인 영가에 깊이 빠져 들었다. 그와 직장 동료로서 가깝게 지내던 나도 그때부터 재즈에 관심을 갖고 즐겨 듣게 되었다. 그 덕분으로 나는 내가 의도하지 않은 삶으로 인해 사회에 저당 잡혔던 영혼을 되찾아온 듯 느껴지기도 했다.

어느 해부터인가, 느슨하긴 했어도 이어져있던 매듭이 소리 없이 풀어져 서로가 생사를 알지 못한 채 세월을 통과하고 있다. 하지만 나는 그를 생각할 때마다 이상(李箱)의 「날개」에 나오는 '나'와 카프카의 「성」에 나오는 K를 떠올리게 된다. 성 안으로 들어가려고 애써도 결국 그 안으로 들어

가지 못하는 K. 억압된 삶에서 해방되기 위해 탈출하기를 간절히 소망하는 「날개」의 '나' 그들은 모두 어떠한 세계에도 소속될 수 없는 이방인이다.

그도 그러하다. 내가 그를 그렇게 생각하는 것은 그의 삶이 소설 속의 그들과 별반 다르지 않기 때문이다. 또한 같은 성정(性情)을 가진 사람은 서로를 동일시하는 것처럼 나 역시도 그와 같은 정신세계로 살아가기 때문에 동질성을 느끼고 있는 것이 아닌가 한다.

청춘은 이미 오래된 사진첩 속으로 사라져 장롱 위에서 먼지에 묻혀가지만, 그 사람에 대한 기억만은 잊히지 않고 아직도 뇌리 속에 남아 때때로 가슴을 저미게 한다.

다음호에 계속

– 판도라의 상자 안에 남아 있는 '희망'은 끊임없이 우리를 유혹한다 –

절망이 가득한 세상에서 희망을 품은 메시지는 가슴을 두근거리게 한다.

"당신의 시는 일간신문의 우중충한 문화면 그 하단에서 '다음호에 계속'이라고 말하는 희망이어야 한다."고 「엘자의 성가」에서 루이 아라공은 말한다. 그것은 끝이 아니라 계속 이어진다는 약속이다.

터널 밖으로 나가면 밝아지리라는 이유 때문에 터널이 희망이 되듯이, 그것은 단절이 아니라 어둠을 지나면 밝은 빛이 나온다는 유동적인 신호인 것이다.

작금의 시대처럼 현실이 불안하고 미래가 불투명할 때는, 그 어느 때보다도 희망은 우리를 일으켜 세우는 형체 없는 정신의 버팀목이다.

우리가 흔히 접하게 되는 드라마를 보게 되면 한창 재미가 있을 즈음에 끝나면서 '다음 이 시간에'라든가 '다음 ~요일에'라는 자막이 나온다. 또 월간문학지에 나오는 소설연재나 신문 연재소설의 경우에는 '다음 호에 계속'이라고 나온다.(요즈음 신문에서는 상단에 '~ 회'라는 표시로 대신한다)

이로부터 시청자나 독자들은 다음에 이어질 장면들을 생각하며 아쉬움을 달랜다. 그러나 기다리는 시간이 지루하기도 하지만, 그 시간만큼은 상상의 나래를 펼칠 수 있기에 자기 마음대로 앞으로 펼쳐질 시나리오나 소설원고를 머릿속으로 썼다 지우며 다음을 기다린다. 어차피 정신적 만족을 위한 것이기에 기다리는 묘미가 있기도 하다.

우리를 기다림으로 시험하는 희망은 삶의 윤활유가 된다. 또 기다릴 것이 있다는 것은 희망을 찜해 놓는 것이기에 우리의 피돌기를 원활히 순환하게 한다.

지금은 한물갔다는 생각이 들기도 하지만, 지난 몇 년 전부터 'ㅇㅇ폐인'이라는, 극단적으로 어떤 드라마에 심취한 사람을 지칭하는 신조어가 유행되었다. 이 말에는 한 가지 일에 심취해서 몹시 열중하는 사람을 말하는 '마니아'하고는, 조금 다른 의미로서의 강한 중독성이 내포되어 있다.

그러기에 이런 경우에는 중간은 존재하지 않는다. 이거 아니면 저거라는 의식으로 한쪽만이 좋고, 다른 한쪽은 나쁘다는 편견이 성립된다. 이런 경향이 심할수록 개인주의가 팽배해 있기 때문에 절충이라는 양보심은 보이지 않는다. 그러므로 감정의 추이(推移)에 따라 극단적인 선택을 하는 경우가 있음을 간과할 수 없다.

나는 아주 오래전에 외화 시리즈로 방영되었던 '제5전선'의 폐인이었다. 지금 생각해 보면 그 영화의 캐릭터와 스토리는 전혀 기억나지 않지만, 그 영상을 휘감아 돌던 주제음악은 아직도 때때로 귓속에 맴돈다.

그리고 무엇보다도 방영이 끝날 때마다 자막에 선명히 나오던 '-To be

continued-'라는 한 줄의 문구를 잊지 못한다. 그 말이 주는 위안은 실로 어떤 선물보다 기개감이 컸던 기억이 새롭다. 지금이야 디지털 채널이 많아서 '미드(미국드라마)'나 '일드(일본드라마)'를 끊임없이 방영하지만, 예전만 해도 아주 드물었기에 아직도 그 기억이 새롭다.

또 현 시대는 TV나 컴퓨터로 세계의 문화유산도 공유할 수 있지만, 조선시대에는 책을 구하지 못하는 사람이나 문맹인 사람들을 위해 길거리에서 소설을 전문으로 읽어주는 '강독사'가 있었다.

전기수라고도 하는 그들은 언변이 좋아 노상에서 소실을 읽으며 감정이입을 잘하였기에, 사람들은 길거리에 자리 펴고 앉아 그 소설을 들으며 울고 웃는 진풍경을 연출하기도 했다. 그런데 강독사는 책을 읽다가 절정 부분에서 으레 멈추었다. 목을 길게 빼고 듣고 있던 청중들이 그 다음 대목이 궁금해서 기다리다 못해 서로 돈을 던져 주면 그제야 강독사는 그 다음 장면을 읽어주었다고 한다. 더욱이 아주 긴 장편 소설들은 그날 끝내지 못하고 그 다음날, 또 그 다음날 계속 되었다고 하니, 지금의 연속 드라마나 소설연재를 길에서 모노드라마로 하는 것과 다름없었던 것이다.

그러고 보면, 희망은 반드시 거창한 것만이 아니다. 아주 소박하고 작은 바람이 희망이 되어 우리의 마음을 다독여 주고 가슴 부풀어 오르게 하고, 상상의 나래를 펴게 한다.

이것은 한 개인의 일만이 아니다. 사회에서나 기업에서도 어떤 기대감을 갖게 하는 희망을 불어넣어 준다면, 누구나 밝은 마음으로 '다음호에 계속'을 기다리는 마음으로 살아가게 되리라는 생각을 한다.

사그리다 파밀리아 성당

과연, 사진에서 본 그 성당은 거기에 있었다. 가우디가 건축한 사그라다 파밀리아(성가족 교회)는 아직도 공사 중이지만, 사진보다 실물이 더 환상적이고 아름다웠다.

안토니오 가우디는 생전에 이런 말을 했다.

'이것은 마지막 성당이 아니라 어쩌면 새로운 형태의 성당이 될 것이다.'

내가 가우디를 처음 알게 된 것은 1996년, 혜화동에 있는 한국 산업디자인 포장개발원에서 그의 전시회를 보게 되면서부터이다. 나는 그 당시 생활공예 강사를 하던 때라 다양한 전시회를 접하면서 관심 분야인 미술과 디자인 등의 전시회를 수시로 관람하며 시야를 넓히고 있었다.

그때 전시회에서 사진으로 보게 된 가우디의 건축물들은 일반적인 건축이 아니라 그야말로 하나하나가 다 예술작품이었다. 특히 여러 건축물 중에서도 옥수수모양의 탑 4개가 하늘을 찌를 듯이 높게 세워져 있는 사그라다 파밀리아(성가족 교회)를 보고 난 완전히 그 성당건물에 매혹되었다.

인간이 어떻게 저런 건물을 설계하고 건축할 있을까 하는 놀라움이었다. 진정 신이 도와주지 않고서는 도저히 불가능할 것 같다는 생각이 들었다.

나는 전시장에서 발걸음을 떼지 못하다가 가우디의 작품도록을 구입해 가슴에 안고 오면서 언제든 꼭 한 번은 스페인에 있는 그의 건축물들을 직접 봐야겠다는 계획을 마음속으로 세웠다. 가서, 옥수수 모양의 탑 꼭대기까지 올라가 주님께 기도를 드리면 내 오랜 소망이 이루어지겠지 하는 마음이었다.

그러면서 가우디는 아마도 신자들의 기도가 하늘에 닿게 하려고 그렇게 높고 높게 성당을 건축한 것은 아닐까 하는 생각을 했다. 어렸을 때부터 자연 속에서 사색하며 하느님을 숭배해온 그로서는 당연한 일이었는지도 모른다.

어찌되었건 시간이란 기다리는 자에게는 너무 느리게 흐른다고는 하지만 내게는 19년이 바람처럼 흘러가 뒷모습을 보이고, 드디어 가우디가 설계하고 시공한 건물을 보러 지난해에 스페인에 가서 내 눈으로 보고 확인할 수 있었다.

사그라다 파밀리아 성당은 입체기하학에 바탕을 두어 네오 고딕풍의 양식으로 건축했다. 그리고 곡선은 신의 선이라고 했다는 가우디의 말처럼, 모두 자연에서 영감을 얻어 표현한 내부는 곡선과 기하학적인 선을 이용해 전체적으로 부드러운 느낌을 주도록 설계되었다.

그의 예술성을 확연하게 느끼게 하는 나선기둥과 꽃잎모양의 천장, 나

(

긴 악수를 나누다

무를 닮은 기둥과 꽃잎들이 서로 조화를 이루고 있으며 마치 꽃이 피어있는 것 같은 정경은, 뭐라고 한마디로 표현할 수 없을 정도로 경건함을 주면서도 그 아름다운 형태와 색채에 넋을 잃을 정도였다.

특히 이 성당은 탄생과 수난, 영광의 3개 파사드로 이루어졌는데, 그가 죽을 때까지 완성했다는 그리스도의 탄생을 경축하는 파사드는 그리스도가 이 땅에 오심을 진심으로 기뻐하고 기리는 그의 마음이 느껴져 나도 모르게 두 손을 모으고 기도를 드렸다.

외벽을 둘러보아도 어느 곳 하나 신앙심 깊은 그의 종교성이 느껴지지 않는 곳이 없었다. 그것은 세계에서 가장 성스럽고 아름다운 건물을 만들고자 항상 생각했던 가우디가 그리스도를 모시기 위해 그의 온 마음과 정성을 다해 이 성당을 설계하고 건축했기 때문일 것이다. 특히 그가 어이없게 교통사고로 목숨을 잃기 전 10년 동안은 아예 현장 사무실에서 숙식을 하며 인부처럼 지냈다고 하니, 그의 정성과 기도로 세워진 성당이라고 아니할 수 없다.

그는 이 성당말고도 구엘 공원이나 카사 밀라, 카사 바트요, 구엘 궁전, 구엘 영지 납골당 외에도 여러 저택들을 건축했다. 그러기에 스페인의 바로셀로나는 세계적인 가우디를 빼고는 그 이름을 거론하지 말라고 했다는 말이 실감될 정도로 그의 건축물들이 곳곳에서 빛을 발하고 있다. 그런데 성당이 아니더라도 그의 건축물에서는 어느 것이나 종교성이 곳곳에서 느껴진다. 그것은 그의 두터운 신앙심 때문일 것이다.

주님께 더 가까이 다가서기 위해서 더 높고 높게 탑을 만든 가우디. 어느 교회나 성당이건 안으로 들어서면 마음이 가라앉고 평화스러워지지만, 오랫동안 염원하던 성당에 와서 기도를 올리니 더할 나위없는 행복감에 젖어 들었다. 낯선 이국의 성당에서 느끼는 행복감이었다.

되감아 재생하기

저만치 버스 정류장이 보인다. 나는 계속 뛰듯 걸어가지만 머릿속은 복잡하다. 내딛는 두 다리와는 상관없이 뇌를 분주하게 움직여 생각과 행동을 되감아 다시 재생시키고 있기 때문이다.

이것은 거의 매일 아침마다 현관문을 잠그고 나서 서너 발자국을 떼면서부터 되풀이되는 내 행동이다. 이제 2, 3분만 더 가면 버스를 타고 전철역으로 직행해야 직장에 지각하지 않는다. 그런데도 나는 끊임없이 다시 되돌아갈까 말까를 망설이며 무거운 발걸음으로 영혼 따로 몸 따로 가고 있다.

이렇듯 아침마다 문을 잠그고 뒤돌아서는 순간부터 이런 불안감을 휩싸안고 내 일상은 본격적으로 가동하기 시작한다.

사실 이런 상황에 처하는 이유는 지극히 단순하다. 가스와 전기 코드를 빼고 껐나, 문은 제대로 잠궜나 등등의 하찮은 걱정에 잠시전의 내 행동을 되감아 다시 천천히 재생시키며 기억해 보는 것이다. 물론 이건 분(分)을 다투며 집을 나서는 아침에만 겪는 단기적인 현상일 뿐이지만, 행여나 일상의 다른 일로 이어질까 겁이 나기도 한다.

이것은 강박증 때문인가? 아니면 영화 「메멘토」에서 나오는 레너드처럼 단기기억상실증에라도 걸린 것인가? 그렇더라도 영화 속의 그는 10분이라는 시간적 여유가 있는데, 내 기억 보존시간은 채 5분도 안 된다.

「메멘토」에서는 레너드가 끔찍하게 살해당한 아내의 시신을 보고난 뒤 그 충격으로 '단기기억상실증'에 걸린다. 때문에 그는 10분만 지나면 방금 전의 일을 절대 기억하지 못해 사람이든, 상황이든 그 어느 것도 처음 맞닥뜨리는 것처럼 새롭게 생각한다.

하지만 나는 충격 때문이 아니라, 지각하면 안 된다는 긴장감 때문에 서두르다 보니 기억회로가 고장을 일으키는 것이다.

아무튼 영화에서의 레너드는 자신이 한 말이나 타인이 한 말, 현재의 상황 등을 사진으로 남기고 몸의 여기저기에 문신을 새기고, 쪽지에 메모를 하여 주머니(6개)에 집어넣고 수시로 꺼내 확인한다. 그런 그가 과거로 기억을 되돌려가며 아내를 죽인 범인 색출에 나선다. 또한 그런 상황을 보여주기 위해서 영화에서는 필름을 계속 되감기해서 다시 지나간 화면을 보여준다. 일종의 반복학습으로 관객에게는 이해하기 쉽게, 영화 속의 레너드에게는 기억하기 쉽게 도움을 준다.

또 이와 관련된 다른 영화 「박사가 사랑한 수식」을 보면, 천재수학자인 박사가 사고로 뇌를 다쳐 기억상실증에 걸린다. 그는 레너드보다는 양호한 편이라 80분까지는 기억한다. 세상의 모든 일을 수학으로 푸는 그는, 자신의 기억을 위해 양복 위에 쪽지를 여기저기 너덜너덜 붙이고 자신의 기억을 되돌린다.

이렇듯 분 단위와 시간단위로 기억을 잃어버려 '되감아 기억을 재생' 하는 영화가 우리의 또 다른 삶의 단면을 반영하고 있다.

그러고 보면 나도 레너드나 수학박사처럼 출근할 때, 분 단위로 내가 한 일을 쪽지에 적어 옷 위에 붙여 놨다가 문을 닫고 나가면서 하나씩 떼어 버려야 발걸음이 가벼워질 수 있지 않을까 하는 어이없는 생각을 해 보기도 한다.

CD나 카세트에는 '되감기'와 '재생하기', 그리고 DVD, TV 등에는 '다시 보기' 기능 등이 있다. 학습용으로 쓰이거나 놓친 프로그램을 보기에 매우 알맞은 시스템이다. 이것처럼 우리의 기억에도 두뇌를 회전시키면 지난 일을 돌이켜 생각해 보는 기능은 있지만 재생해서 볼 수 있는 기능은 없다. 단지 생각으로만 유추할 뿐이다.

만일 그런 기능이 있다고 한다면 그것은 요즈음 심심찮게 등장하는 타임슬립을 하는 수밖에 없다. 자기가 원하는 시간대나 시대로 되돌아가보는 것이다. 그럴 수만 있다면 오죽 좋으랴만….

인공위성이 우주를 날아다니고 오염된 지구를 대신해 인간을 유치시킬 행성을 찾는 연구가 실제로 이행되고 있는데, 왜 타임슬립을 모티브로 하는 드라마나 영화가 자주 나오고 있는 것인가 생각해본다.

만일 영화에서처럼 그렇게 실제로 될 수만 있어서 단기 타임슬립으로 각자 알맞은 시간대로 되돌아가서, 이미 살아온 경험을 토대로 시행착오를 겪지 않고 인생을 다시 잘 살아볼 수도 있지 않을까? 또한 장기 타임슬립으로 먼 시대로 돌아갈 수 있다면 겪어보지 못한 시대에서 새로운 삶을 살아볼 수도 있을 것이다. 진정 그럴 수만 있다면 매우 흥미로운 일이 아닐 수 없다.

사람은 대체로 지난 일들을 반추하면서 살아간다. 현재는 각박하고 미래는 수순대로만 되는 것이 아니므로 과거의 좋았던 일이나 슬펐던 일들을 돌이켜보며 시간의 굴레 속으로 머리를 회전시킨다. 하지만 아예 떠올리고 싶지 않은 일들도 있기에 그런 기억들은 레테의 강물 속으로 던져 버리고 기억할 것만 기억하면서 살아가고자 한다.

그러나 반드시 기억해야 할 것을 잊어버린다면 그건 문제가 아닐 수 없다. 더군다나 몇 분 전의 일이라면 더 말할 나위도 없다. 그런 걸 알면서도, 나는 오늘도 현관문을 나서면서부터 「메멘토」의 레너드가 되어 몇 분 전의 일을 되감아 재생하며 하루를 시작하고 있다.

뚱뚱함도 때론 아름다움을 동반한다

요즘은 거리를 거니는 여성들의 몸매가 누구랄 것도 없이 거의가 다 늘씬 날씬하다. 얼굴도 서로 비슷하게 작고 예뻐서 감탄사가 저절로 나올 정도로 신체 조건들이 예전에 비해 몰라보게 달라져 있다. 물론 미혼여성들에게 해당되는 이야기이기는 하지만, 기혼여성들의 경우에도 예전에 비해서는 살찐 사람들이 많지 않은 편이다.

이런 모든 현상들은 시대적인 배경을 간과할 수 없다. 즉, 예전에는 여성들의 취미활동이 대체로 정적(靜的)인 것에 머물러 있었다. 그러던 것이 차츰 동적(動的)인 것으로 바뀌었고, 또한 여성들의 사회 참여도가 활성화됨에 따라 자연히 외모에 신경을 쓰지 않을 수 없게 된 것이다. 내적인 실력에 못지않게 외모도 경쟁력을 필요로 하기 때문이다. 거기에 부차적으로 허영심이 가미됨을 부정할 수는 없다.

또 지금은 예전에 비해 식생활이 서구화되어 있어 젊은이들은 남녀 구분할 것 없이 외국인들처럼 골격이 많이 개선되기도 했다. 그러나 대부분의 여성들은 날씬해지기 위해서 운동도 하지만, 다이어트라는 수단에 의지하는 경우가 많은 것으로 알고 있다. 물론 기혼여성들의 경우에는 그런 시도를 하는 확률이 미혼여성보다는 높지 않겠지만 만만치는 않다. 일반적으로 신체의 아름다움은 저절로 만들어지는 것이 아니라 자기가 가꾸기 나름이기 때문이다.

이런 즈음에 국립현대미술관에서 전시되고 있는 페르난도 보테로의 그림에 나오는 인물들을 보면 일단 놀라서 가슴이 두근거리고, 정신이 제 할 일을 찾은 듯 분주해진다. 그것은 이 시대에 걸맞지 않는 그 뚱뚱한 몸매 때문이기도 하고, 어디서 본 듯한 그림들의 변형된 모습에 고개를 갸웃거리게 된다.

보테로가 표현한 인물들은 찐빵처럼 빵빵하게 살찐 큰 얼굴에 작은 눈, 가는 눈썹, 작은 코와 입술, 이중턱. 또 그 모습에 걸맞게 금방이라도 터질 것 같은 잔뜩 부풀려진 몸이 보는 사람을 불안하게 한다.

더욱이 그 몸에 꽉 끼는 옷은, 헐크가 변신을 할 때처럼 당장이라도 우드득 뜯어져 여기저기 내팽개쳐질 듯 조마조마하다. 특히 시선을 끄는 것은 그런 신체조건에 아랑곳없이 딴청을 부리는 듯한 무표정과 무감동, 부동성의 표현 등이 압권이다.

보테로는 이처럼 자신만의 특징인 부풀려진 신체와 짧게 축소된 팔 다리, 작고 몰개성적인 이목구비 등으로 거장들(피카소, 벨라스케스, 라파엘로, 루벤스 등)의 작품 속 인물들을 자신만의 표현양식으로 바꾸어 재창조하였다.

그러므로 보는 이에 따라 해석이 다르겠지만, 공통적으로 알려져 있는 해학적인 느낌보다는 희화화된 그 인물들에게서는 진한 페이소스를 느끼게 된다.

그것은 그가 표현한 인물들이 모두 경직된 무표정으로 일관하고 있기에 그렇기도 하지만, 외모지상주의가 만연해 있는 지금시대와 걸맞지 않는 뚱뚱함이 주는 낯설음 때문이라고 할 수 있다. 그래서인가, 외모만을 강조하는 세태에 대한 고발이나 비웃음을 이런 양상으로 표현한 것이라는 생각이 들기도 한다.

간혹 접하게 되는 일로, 연예인들이 살을 빼기 위해 어떤 시술을 했다는 기사가 발표되면(흔히 폭로라고 한다), 그 사실만으로도 당사자는 치명타를 입게 되는 경우를 보게 된다. 당사자는 그 몸매로 인해 배역을 맡지 못하는 고충 때문에 수술을 했다하더라도, 시청자를 우롱한다느니 하면서 공격적으로 질타를 한다. 더군다나 상대자가 공인인 경우에는 말 펀치를 아무 생각없이 날려도 상관없다는 의식을 가지고 있는 것이 대부분이다.

그런 연예인의 고충을 주제로 한 영화도 있었듯이, 아무리 연기를 잘하거나 노래를 잘 부르더라도 뚱뚱하다거나 못생기면, 이 비주얼의 시대에서는 살아남지 못한다. 그렇기 때문에 그들로서는 최선의 선택을 하는 것이지만 부수적으로 이런 부작용이 따라오는 것이다.

못생긴 것은 참아도 뚱뚱한 것은 못 참는다는 우스갯말이 있는 것을 보면, 신체가 주는 혐오감이 크기에 인기에 생명을 거는 스타들로서는 어찌 할 수 없는 선택일 것이다. 이것은 현 세태가 주는 비극적 일면이기도 하다.(물론 자신의 의지대로 신체에 신경을 쓰지 않는 이들도 있음을 전제로 말한다.)

보테로는 말하고 있다. '어떤 면에서 예술가의 가치는 비동조성이나 반항성과 직접 관련을 가지고 있다'라고. 그래서 그는 일반인보다는 특수 직업인 광대나 투우사를 그의 영웅이자 분신으로 그들을 앞세워 자신의 철학을 피력하는 것은 아닌가 한다. 그의 대표작 「죽마를 탄 남녀 광대」는, 그 원색의 의상과 재미있는 분장 뒤에 감추어진 인간의 욕망과 비애와 밝고 화려함 뒤에 내재되어 있는 슬픔이 그들의 무표정을 뚫고 관람객들에게 전해진다.

그러나 보테로의 「목욕하는 여인」이 관능적이기보다는 그저 일상의 한 인물로 내 이웃처럼 자연스럽게 보이듯, 뚱뚱함이 일상이 될 때는 나름대로의 아름다움을 느끼게 된다.

생각이 자신의 삶을 이끈다고 할 때, 보는 시야를 업그레이드 시킨다면 아름다움의 폭은 그만큼 커질 것이다.

초록 광(狂)

연초록이 서서히 산야를 물들이고 있다. 이때쯤부터 나의 내부는 들끓기 시작한다. 딱히 봄을 좋아하는 편은 아니지만 초록을 열애하고 있는 나는 정신을 한군데 놔두지 못하고 우왕좌왕한다. 열애와 혼돈이 날개를 서서히 움직이기 시작하는 것이다.

누구든 좋아하는 색이 있어 그 색깔에 빠진다고 할 때, 나는 초록 광(狂)이다. 초록으로 채색된 사물을 보면 갑자기 머릿속이 하얘지면서 가슴이 마구 두근거린다. 마치 보고 싶어 애태우던 영화를 보거나, 읽고 싶었던 책을 손에 넣거나, 원하던 곳으로 여행을 떠나거나 할 때의 느낌처럼.

그러기에 내 외출복의 절반은 녹색이며 그와 비슷한 푸르뎅뎅한 색상들이다. 나는 이 색깔로 나를 감싸고 그 안에 웅크린 채 물들어 있다. 물론 다른 색의 옷들도 있지만, 그것들은 녹색의 아웃사이더일 뿐이다.

이렇듯 초록은 내게 있어서 무조건적이기에 길을 걷다가도 쇼윈도에 녹색을 입힌 그 어떤 것이 눈에 뜨이면 내 가슴은 요동치고 숨이 막히는 듯해서 그냥 지나치지를 못한다. 매번 그렇지는 않지만, 그때마다 그 상품 앞에서 머뭇거리며 안절부절못하고 바라보다가 구매를 하거나 아니면 다음을 기약하고 발길을 돌린다.

그러고 보면 나는 초록으로 감싸인 봄이나 여름을 실제로는 그다지 열애하지도 않으면서 그 계절의 색을 몸에 걸치고 소유하며 설렘을 간직한 채 살아가고 있다.

색깔들은 저마다 개성이 강하고 특징이 확연히 구분된다. 그 중에서도 초록은 만물의 생성을 의미하기에 생명이나 자연을 연상하게 하지만, 니콜라 푸생은 녹색은 이브를 홀린 뱀의 색이라고 했다. 그러기에 녹색의 사악한 마음에 의해 사람들이 죄악을 맛보게 되고, 그 순간부터 세상에 존재하던 평정과 평화는 깨지면서 시샘과 질투, 이기적인 마음이 생겨난다는 것이다.

하지만 성령의 색깔 역시 초록으로 명시되어 있다. 그렇다면 초록에는 선과 악이 함께 공존한다는 의미가 아닌가 생각된다. 얼핏 느끼기에 초록은 다른 색보다는 평화롭고 안정적인 것 같지만 의외로 복선을 품고 있는 것이다.

초록색을 광적으로 좋아했던 나폴레옹은 세인트헬레나 섬에서 초록 독에 중독되어 죽었다는 일설이 있다. 그는 초록색을 너무 좋아해서 그의 주변에 있는 모든 것들을 초록색 페인트로 칠해 놓았다. 그로 인해 그 초록색 페인트가 섬의 습한 기후에 차츰 용해되어 독을 만들어냈다는 것이다. 초록이 생성을 의미하는 관점에서 본다면 생명과 소멸을 동시에 아우르는 것이다.

내가 광적으로 초록에 빠지는 것은 그 어떤 무의식이 나를 그 색깔로 끌어당기고 있는 것이다. 그러고 보면 색과 인간의 함수관계는 묘하기 이를 데 없다. 인간의 감정이라는 것은 우연이나 개인적인 취향의 문제가 아니라 어린 시절부터의 언어와 사고에 깊이 뿌리 내린 경험의 산물이라고 누군가 말했듯이, 색깔과 감정의 관계 역시 심리학적으로 연관성이 있음을 알 수 있다.

고흐가 광적으로 노란색을 선호했듯이, 색채의 화가라고 불리는 모네는 초록색을 사랑하여 정원을 직접 가꾸며 초록의 화음을 자랑하는 '수련 연못'을 비롯하여 수련 연작시리즈를 제작했다. 이렇듯 화가들은 자신이 선호하는 색을 화폭에 옮기며 자신의 이미지와 개성을 드러낸다.

북이 고향인 한 원로화가는 어린 시절 바닷가에서 자라던 그 기억을 잊지 못해 몇십 년 동안 주로 바다 속이나 해안 풍경만을 그린다. 그러기에 그의 그림은 늘 푸른 바다색으로 채색되어 있으며 다른 색은 부분적인 색만 될 뿐이다.

또 회색톤으로 캔버스를 채우는 화가도 있다. 그 회색톤의 그림을 보고 있으면 알지 못할 고독이 안개비처럼 보는 이에게도 스며든다. 그는 프랑스에서 오랫동안 작품 활동을 했던 해외파지만, 그 역시도 북에 고향을 두고 온 실향민이다. 몇 년 전에 레테의 강을 건너간 그는, 지금쯤은 음울한 회색의 이미지를 벗어나 따사로운 색깔 안에서 휴식을 취하고 있을 것이다.

그렇다면 초록광인 내가 초록으로 내 인생을 색칠하는 것은 무슨 의미일까. 그건 이루지 못한 꿈에 대한 희망을 버리지 말고 가슴속에 간직하고 살라는 화두가 아닐까 생각한다. 대지에 맨 처음에 입성하는 색이 초록이

듯이 초심을 잊지 말고, 현실에 좌절하지 말고 아직 풀어내지 못한 꿈들을 늦게라도 이루기 위해 노력하라는 의미일 것이다.

꿈이 있다는 것은 열리지 않은 판도라의 상자처럼 호기심을 자극한다. 그렇듯 초록은 아직 숙달이 덜 된 여린 마음이나 행동들을 나타내기도 하기에 그 색이 느끼게 하는 견고한 아름다움은 없지만 생명력을 용솟음치게 한다. 그러므로 나는, 나폴레옹처럼 초록의 독에 중독되어 미스터리한 죽음을 맞지 않는다면 살아있는 내내 초록 광으로 남을 것이다.

이즈음은 세상의 모든 색깔들이 총출동하여 도시는 섬점 현란해진다. 하지만 색의 기초는 생성을 의미하는 초록에서부터 시작되는 것임을 다시 인식하며, 봄 속에서 안개처럼 퍼지는 초록의 향기에 젖어 있다.

영혼의 쉼터

젊은 시절의 그 어느 날이었던가, 친구가 어디서 베껴 쓴 시(詩)라고 하면서 「사랑의 아가(雅歌)」를 내게 적어 보냈다.

사랑은 오래 참고

사랑은 온유하며

사랑은 시기하지 아니하고

……

사랑은 모든 것을 믿으며

사랑은 모든 것을 견디나니

……

그런즉 믿음, 소망, 사랑 이 세 가지가 남아 있을진대, 그 중에서 제일은 사랑이니라.

나중에 알게 되었지만 그것은 '고린도 전서 13장'의 말씀이었다. 그렇게 하느님의 말씀인 성서는 한 편의 시로써 내게 다가섰다.

그 당시는 그 시가 하느님의 말씀인지 전혀 몰랐으며 그 친구 역시 어디서 베껴서 쓴 것으로, 어느 시인이 쓴 시로만 생각하고 내게 적어 보낸 것이다. 그즈음 내가 남자 친구와 헤어지고 고민을 하자 나를 위로하는 차원에서 인정을 베푼 것이다.

나는 그 시의 구절마다 고개를 끄떡이며 읽고 또 읽으며, 어쩌면 이렇게도 사람의 마음을 감동시키는가 생각하면서 치기어린 내 말과 행동을 돌이켜 보았다. 특히 '…사랑은 분통을 터트리지 않고 억울한 일을 따지지 않습니다.' 하는 구절에서는 자괴감에 빠지기도 했다. 나는 쉽게 분노하는 급한 성격 때문에 후회를 하는 일이 자주 있기 때문이었다.

아무튼 오랫동안 지켜지지는 않았지만 나는 그 구절(말씀)들을 읽으며 나를 뒤돌아보게 되었고 가슴속 깊이 새겨두었다. 그러다가 어느 장소에서 그것이 성서에 있는 말씀인 것을 알게 되어 매우 놀랐다. 그리고 그때부터 성서에 그토록 아름다운 글들이 쓰여 있음에 흥미를 느끼게 되었고, 그로 인해 언제든 기회가 되는 대로 성서를 읽어보리라고 생각했었다.

그러다가 10여 년이 지난 뒤 생의 위기에 처하게 되었을 때 성당을 다니는 친구의 권유도 있었고, 어쩐 일인지 꿈에서 천사를 동반한 주님의 모습을 보게 되어 자주 생각만 해 오던 가톨릭에 내 영혼을 담그게 되었다. 그래서인지 가톨릭 신자가 된 것은 우연이라기보다는 필연이라는 생각을 한다. 그것은 고린도 전서의 말씀을 계기로 가끔 성서를 생각하고 있었기 때문이었다.

그러므로 내게 있어서의 성서는 고된 영혼(soul)의 쉼터이며 치료제이다. 하느님의 말씀을 읽음으로써 위로와 격려를 받고 더불어 용기까지 얻기 때문이다. 무엇보다도 내 인생은 강도 F3 정도의 거대한 토네이도에 휘몰려 함몰 직전의 상태가 자주 연출되므로, 그럴 때마다 혼란을 거듭하다가 마지막 구원처로 성서를 들쳐 좋은 구절을 찾아 읽다보면 정신적 위기에서 빠져 나온 나 자신을 발견하게 된다.

물론 산재해 있는 현실은 그대로이지만 영혼만은 구출되기 때문이다. 그러므로 설령 토네이도에 함몰되더라도 정신을 잃지 않고 있으면 재생이 가능한 것이 인생이라는 생각을 한다. 그러기에 10년 전부터는 직장을 핑계대며 주일은 잘 지키지 않지만, 기도하고 성서를 읽는 일은 잊지 않는다.

그러면서도 때때로 마음이 흔들릴 때가 있다. 그럴 때마다 다소 이기적이기는 하지만 '여러분이 기도할 때에 믿으면서 청하는 것은 모두 받을 것입니다.(마태오 복음 20-22)'라는 말씀을 읽고 생각하며 심기일전한다.

바울로는 성서 말씀은 우리 모두에게 교훈을 주려고 기록된 것이라고 로마인들에게 보내는 편지에서 말하고 있다. 그러나 성서는 강압적으로 '~하면 안된다'고 하기보다는 상징적인 말로서, 우선 이해를 바탕으로 하여 자신의 허물을 고치고 올바르게 살도록 한다.

성서는 이처럼 글로써만 읽히는 것은 아니다. 르네상스 시대의 미술 거장들은 이 성서(성경)를 그들의 예술적 상상력을 바탕으로 해서 재해석해 구약성서의 세계를 그려냈다. 그 그림들은 한 편의 장편 드라마를 보는 듯하여, 책으로 읽는 것보다 심오하지는 않지만 시각적인 면에서 이해하기는 더 쉽다.

지난해에 로마 바티칸 대 성당의 시스터나 성당에서 본 미켈란젤로의 프레스코 천정화는 그야말로 압권이었다. 1천 평방미터나 되는 성당의 천장에 300여 명의 인물로 그려진「천지창조」부터「노아의 방주」에 이르기까지의 창세기 그림들, 또「최후의 심판」에서 보여준 신체구도와 인물들의 색상은 그야말로 그 시대를 한눈으로 보는 듯했다. 그 성화를 보려고 운집해 있는 수많은 사람들도 나와 같은 심정이었을 것이다.

실로 거장들은 성화를 앞 다투어 그렸다. 그중에서도 1497년에 완성했다는 레오나르도 다 빈치의「최후의 심판」은 종교와는 상관이 없는 비신자들도 알 정도로 흔한 그림이 되다시피 했다. 그 외에도 많은 화가들이 시대를 초월해 성화를 그려내어 성서를 대변하였다. 눈으로 읽는 성서가 더 보편화된 것이다.

성서는 사람이 살아가야할 방향을 제사할 뿐 아니라 천지가 창조된 역사를 알려주기에 결코 외면할 수 없는 인류 공용의 공동서적이다. 그러기에 영원불멸의 가치가 있는 것이리라.

내게 시로써 처음 다가온 성서가 신자가 되고서부터 나를 시병하게 해주는 버팀목이 된 지도 수십 년이 되었지만, 나는 아직도 설레는 마음으로 성서를 읽는다. 그 안에선 언제나 믿음, 희망, 사랑의 힘을 찾을 수 있기에….

버킷리스트

사람은 누구나 살아가면서 자신이 하고 싶은 일들을 이루기도 하고, 또 이루지 못한 채 일생을 마치기도 한다. 그 소망하는 일들이 거시적인 것일 수도 있고 또 미시적인 일일 수도 있다. 아무튼, 하고자 하는 일들의 크고 작음을 떠나서 모두 그 나름대로의 목표를 세워 인생을 설계한다. 그리고 그것들을 하나하나 이루면서 삶의 발자국을 옮기고 있다.

그러나 인생이 어디 자신의 계획대로 만만하게 이루어진다던가. 살다보면 진흙탕에도 빠지고 미끄러지고 뒹굴기도 하면서 살아지게 된다. 이렇게 표현하는 것은 삶이 청사진대로 펼쳐지는 것이 아니기에 수동의 형태를 쓰지 않을 수 없는 것이다. 그러기에 옛사람들은 인생에는 뜻대로 안 되는 일이 7, 8할이나 되며, 평범한 사람인 경우에는 10할 가까이 된다고 말하며 한탄을 했다.

이 말은 시공을 초월해서도 여전히 우리의 가슴을 치게 하는 명언이다. 마치 머피의 법칙처럼 어긋나기만 하는 것이 삶의 길인 듯 여겨지기도 한다.

그러나 무심코 이렇게 지내다가 어느 날 죽음의 문턱에 이르게 되어 자신의 인생을 되돌아보았을 때, 과연 나는 무엇을 위해 살았던가, 또 무엇을 이루어 내면서 살아왔던가 하는 물음표를 자신에게 제시하게 될 것이다. 죽을 때가 되어서야 철든다는 말이 이 경우에 딱 십상이다.

우리가 죽음의 문턱에 이르렀을 때 우리가 가장 많이 후회하는 것은 일생동안 할 일을 제대로 못한 것보다는, 아예 하지 않은 일이라고 한다. 겁내서 시도조차 아니한 일들이 아쉬움을 남기며 발목을 잡는다는 것이다. 그러기에 누구나 미리미리 자기 인생의 '버킷 리스트'를 작성해서 하나하나 실천해 가면서 살아가는 필요하다.

「버킷리스트」는 '죽기 전에 꼭 하고 싶은 것들'이란 뜻으로, 지난해에 이 제목의 영화가 상영되었다. 이 영화에서는 같은 병실을 쓰게 된 죽음을 앞둔 두 노년의 남자가 평생을 살면서 하고 싶었지만 미처 하지 못했던 일들의 리스트를 적어서, 하나씩 실행하는 이야기이다. 불치의 병으로 시한부 인생이 된 그들에게는 너무나 무모한 계획이지만, 그들은 후회 없는 죽음을 맞기 위해서 과감히 그 모험에 도전한다.

사실 그들의 버킷 리스트는 거창한 것이 아니라 소박하고 인간적이다. 다만 시기가 너무 늦었다는 것만이 문제였다. 우선 첫째가 '이집트 피라미드 가서 장엄한 광경보기, 그리고 낯선 사람 도와주기, 영구 문신 새기기, 로마 · 홍콩 · 타지마할로 여행하기, 오토바이로 만리장성 질주하기, 세렝게티 초원에서 호랑이 사냥하기' 등등이다.

그들에게는 하고 싶었던 일들을 이루어냄으로써 두려움보다는 이루어냈다는 환희가 더 가슴 벅차게 하였다. 그러다가 한사람이 갑자기 위험해

져서 돌연 중단하고 귀국해 병원에서 수술을 받다가 숨지고 만다. 그러나 아주 행복한 표정으로 만족의 웃음을 머금고 떠났다. 다른 한 사람은 의사가 시한을 정해 놓은 날짜보다 훨씬 더 오래살 수 있었다. 마음의 짐을 덜어 놓으니 천수를 누릴 수 있게 된 것이다.

이 영화는 별로 흥행을 하지는 못했지만, 언제부터인가 서점가에는 이 영화의 제목을 패러디한 책들이 시선을 잡아끌고 있다. 「죽기 전에 꼭 1001시리즈」(왜 구태여 1001이란 숫자를 강조했는지는 모르겠지만)로 해서 「죽기 전에 꼭 봐야할 영화 1001」, 「죽기 전에 꼭 들어야 할 앨범1001」, 「죽기 전에 꼭 봐야할 절경」, 「죽기 전에 꼭 마셔봐야 할 와인」 등으로 시작해 명화, 세계건축, 그리고 요리 등의 다양한 제목으로 '죽기 전에 해볼 일'을 제시하며 책을 출간하고 있다.

그러나 이런 일들이 사람이 살아가는데 필요 불가결한 일들은 아니기에 얄팍한 장삿속 같아 언짢기는 하지만, 어쨌든 '버킷리스트'라는 영화로 인해 새삼 '죽기 전에 해야 하고, 하고 싶은 것들'에 대한 것을 누구나 진지하게 생각하게 된 것이다. 이런 의식을 갖게 된다는 것 자체도 큰 수확이 아닐 수 없다.

앞서 언급했듯이 누구나 살아가면서 하고 싶었던 일들이 있듯이, 나 역시도 죽기 전에 꼭 해보고 싶은 일들이 너무 많다. 그러나 시간이 너무 지나서 할 수 없는 일들은 이제 인생의 청사진에서 빼버리고 나머지들은 더 시간이 가기 전에 이루고자 하는 마음을 이 영화를 보면서 다지게 되었다.

그러다보니 여러 가지 중에서 무엇보다도 유년 시절부터 하고 싶었던 여행이 나를 강하게 이끈다. 나는 보헤미안 기질을 내적으로는 간직하고 있지만 그것을 표출하지 못하고 어이없을 정도로 얽매여 살아왔기에, 이제 나에게 남겨진 시간 동안에는 무리를 해서라도 여행을 하면서 살기로 했다. 이 글을 읽는 독자들은 이런 나의 계획을 보고 웃을 수도 있다. 이즈음에는 거의 많은 이들이 여행을 생활화하면서 살고 있기에 하는 말이다. 그러나 사람 사는 일이 다 같을 수는 없지 않은가.

이제부터라도 누구든 인생의 '버킷 리스트'를 작성해서, 후회 없는 마지막을 향해 발걸음을 내딛어야 되지 않을까 생각한다.

3 · 가을 속으로 지다

불안의 끝

불안은 정신을 좀먹는 부패물이다. 내 의식을 피로에 물들게 하고 그에 따른 육체도 연쇄적으로 쇠락하게 유도하는 독충이다. 그러나 알랭 드 보통의 말처럼 '불안은 삶의 조건'이며 우리의 삶은 하나의 욕망에서 또 다른 욕망으로, 그리고 하나의 불안에서 또 다른 불안으로 바뀌가는 과정이라고 했듯이, 우리와는 매우 친숙하면서도 필요불가결한 요소이며 독소이다.

나는 항시 모든 일을 걱정하느라 불안의 끝을 달리며 사는 사람이다. 아직 일어나지도 않은 일이나, 일어날 가능성이 희박한 일조차 쓸데없이 걱정을 하고 불안해한다. 심지어는 어느 누구에게 내 자신에 대한 일을 말해 놓고는, 말하면 안 될 일까지 다 말해 버린 것 같아서 불안한 심정이 되곤 한다.

그러므로 넘치지는 않더라도 어느 정도는 뇌 속에 지혜의 샘을 보유하고 있다고 자신하고 있었지만, 이제는 그 샘물마저 다 말라버린 듯 머릿속이 건조하기만 하다. 그것은 불안이 내 의식을 좀먹으면서 나를 압박하고 있기 때문이다.

마치 운동선수가 시합을 앞두고 있거나, 어떤 중요한 일을 시작하기 전에 마음을 졸이는 사람처럼 늘 심장이 평온치 못하다. 그러기에 나는 늘 '모든 것은 지나간다. 그 과정을 잘 견디자'라고 스스로 마음을 진정시키며 살고 있다.

이렇듯 불안한 감정은 인간의 내면을 나사 조이듯 하는 매우 골치 아픈 존재로서 의식에서 떠나게 할 수도 없고, 또 내밀어 사라지게 하려고 해도 어느 틈엔가 의식을 밀치고 들어오는 무법자이다.

우리의 감정을 구분하는 희로애락애오욕(喜怒哀樂愛惡慾)의 칠정(七情)의 심층에도 불안은 잠재하고 있다. 기쁘면 기쁜 대로, 슬프면 슬픈 대로, 사랑하면 사랑하는 만큼 그 감정의 움직임에 따라 그 기저를 이루는 것은, 역시 상황의 변화를 두려워하는 불안이다. 그러므로 우리는 삶에서 불안을 떨쳐 버릴 없는 것이다.

무언가 모를 막연한 두려움이 전신을 감싸며 감정이 소용돌이 칠 때면 심장의 맥박도 빨라지고 감정의 움직임이 급속도로 요동을 쳐 금세라도 숨이 멎을 것 같다. 이럴 때 의지가 약한 사람은 자신을 나락으로 추락시키거나 남을 위해(危害)하는 사고를 저지른다. 그것은 무의식의 발로라고 할 수도 있고 자신을 위기에서 건져내기 위한 전략이기도 하지만 어리석은 선택일 뿐이다.

이러한 감정의 혼란을 느끼게 되면 으레 불안의 대명사로 불릴 만큼, 불안을 그림으로 표현한 에르바르드 뭉크를 떠올리지 않을 수 없다. 실로 그는 그의 작품에서처럼 유년 시절에 겪었던 어머니와 누이동생의 죽음, 우울한 아버지의 성격 등으로 인한 죽음과 공포로, 삶 자체에서 늘 불안을 느끼고 살았던 사람이다.

그의 작품 중에서도, 맨 머리의 사내가 다리 위에서 두 손을 귀에 대고 공포에 가득 찬 모습으로 소리를 지르고 있는 「절규」는 대표작으로 알려져 있다. 그 작품은 뭉크 자신의 내면적 고통을 형상화한 것으로, 시대를 초월하여 지금까지도 현대인의 정신적 고뇌와 공포, 불안을 상징한다. 그런 만큼 편안한 마음으로 감상할 수 있는 그림이 아니다.

보는 이로 하여금 공포를 느끼게 하며 그의 절규가 느낌으로 전해진다. 특히 하늘은 붉게 물들어 가고 다리 아래에서 흐르고 있는 강물은 시퍼런 물줄기를 드리우고 있어 더욱 불안을 가중시킨다.

뭉크는 「절규」 뿐만이 아니라 작품이 거의 다 어둡고 스산하다. 앞서도 말했듯이 그의 삶 자체가 죽음과 고통, 불안에 점철되어 있기 때문이다. 그러면서도 그는 80세의 생일을 지낼 때까지 작품 활동을 하며 살았다. 그러기에 혹자는 '불안은 창조의 시작'이라고도 했다. 물론 그것은 그러한 감정을 작품으로 표현하며 극복해 나가는 예술가에게나 해당되는 말일 것이다.

그러나 극소수의 사람들을 제외한다 해도, 과연 불안을 느끼지 않고 살아가는 사람이 얼마나 있을까 싶다. 왜냐하면 그것은 뭉크처럼 생활환경에서 오기도 하지만, D. H 로렌스의 말대로 불안한 느낌은 생활의 불안이라고 하기보다는 인간의 본질적인 성향이기 때문이다. 그래서 어린아이가 원하는 것을 얻지 못하거나 어머니가 외출할 때 우는 것도 불안한 느낌이라고 했다.

결국 불안의 끝은 개인의 의지로 잠재울 수밖에 없다. 그러므로 불안이라는 악재를 기회로 삼아 그것을 호재로 여기고 점차적으로 이겨나가야 하는 것이 인간의 숙명이 아닌가 한다. 불안은 영혼을 잠식하지만, 인생을 파탄에 이르게 하는 것은 불안이 아니라 나약한 영혼이다.

나 역시도 불안을 이겨나가기 위한 의지를 키워나가는 것이, 내 인생의 화두 중의 하나가 될 것이다.

성모
마리아의
사랑

성모 마리아는 예수 그리스도가 십자가를 지고 넘어지고 구르며 골고다 언덕을 향해 힘겹게 가실 때,(나중에는 예수님의 십자가를 시몬이라는 사람이 대신 지고 갔다) 그 비틀거리는 걸음마다 뒤좇아 가시며 아들에 대한 사랑을 마음과 행동으로 표현하셨다. 그리고 밤새 매를 맞으시고 멸시와 천대를 당한 예수 그리스도가 십자가 아래에서 못 박혀 돌아가시는 광경을 꿋꿋하게 지켜보시며 그 자리에 암연하게 서 계셨다. 교회사에서는 이것을 성모님이 그리스도의 구원에 협력하신 것이며, 그리스도와 함께 구세주의 희생에 동참하신 것이라고 한다.

나는 해마다 크리스마스가 되면 예수님이 골고다 언덕에서 십자가에 못 박혀 돌아가시던 그 수난사를 성서와 영화로 보면서, 1년 동안 느슨해진 신앙심을 다시 조이는 계기로 삼는다. 인류를 구원하시기 위해 자신을 희생하신 예수님의 생은 그야말로 드라마틱하다. 또한 그런 아드님을 곁에서 말없이 지켜보시고 계실 수밖에 없었던 성모 마리아의 무한한 모성애를 생각할 때마다 감정이 복받쳐 오른다. 그리고 모든 고통을 안으로 삼키고 계시는 성모의 모습에서, 어머니로서의 역할과 자세를 생각하게 된다.

교회사에서 성모님을 떠나서는 예수 그리스도를 생각할 수 없는 것과 같이, 우리의 삶에서도 어머니를 통하지 않고는 인간사를 생각할 수 없다. 아버지의 역할도 간과할 수는 없지만 인종을 초월하여 우리는 어머니를 통해서 모든 일을 아버지에게 전하게 되는 삶의 패턴에 짖어 있다.

그것은 감정의 전달이 어머니라는 매개체를 통해야만 더 효과적이며, 어머니는 어떤 억지나 오류가 있는 말이라도 수용해 주는 넓고 깊은 마음을 품고 있기 때문이다. 이런 인간적인 교류가 신앙에서도 적용되고 있기에 성모 마리아는 우리에게 더욱 중요한 믿음의 핵심이 된다. 그래서 현실에서는 우리의 어머니에게 '아버지께 잘 말씀 드려 주세요.'라고 말하고, 신앙적으로는 성모님께 '우리를 위하여 빌어주소서'라고 부탁의 기도를 한다.

나는 기도에 충실한 신자는 아니지만, 기도 중에서 기본이 되는 주모경과 로사리오 기도를 아주 좋아한다. 그것은 천주교에 입문하기 전, 친구의 부탁으로 수녀님이 우리 집을 방문하셔서 난생처음 들어보는 그 기도를 해주셨기 때문이다.

그 기도문을 들었을 때, 나는 내 온몸의 차디찬 기류가 몽땅 온난화로 변환되는 느낌을 받았다. 그리고 인간에 대한 미움과 증오가 서서히 사라지는 듯했고, 알지 못할 충만함으로 마음이 평화로웠다.

가을 속으로 지다

그 뒤부터 나는 성당을 다니면서 내 의식 속에 자리 잡고 있던 염세주의적 사고(思考)를 몰아내려고 애썼다. 또한 살아있어도 살아있는 것 같지 않고 늘 깊은 우울증에 빠져 있었던 내게도, 희망이라는 단어가 존재한다는 생각을 하게 되었다.

그렇게 일부러 방문해 주신 수녀님의 기도는 나를 구원의 길로 건너가게 하는 계기가 된 것이다. 또한 성모 마리아는 예수 그리스도의 어머니이기도 하지만, 누구에게든 정신적 어머니로서의 역할을 해주는 구원자라는 생각을 하였다.

그 뒤 내게는 잊을 수 없는 일이 생겼다.

내가 다니는 본당에서 현실에서의 내 정신적 구원자가 된 권수녀님을 만나게 된 것이다. 그분은 내가 어떤 사정으로 죽음의 위기에 처했을 때 만사를 제치고 급히 달려와 나를 구원해주신 분으로, 내 친어머니보다도 더 나를 아껴 주셨던 수녀님이시다.

성모 마리아께서 예수님이 돌아가시는 모습을 비통하고도 안타까운 마음으로 지켜보셨다면, 나를 영육간의 죽음에서 지켜 주셨던 권수녀님은 한없는 인자함으로 나를 아끼고 돌보아 주셨다.

어느 날인가 수녀님은 나를 방으로 부르시더니 자신이 가장 아끼신다는 성모 마리아 조각상을 주시면서 열심히 기도하면서 믿고 의지하라고 하셨다. 그리고 풍채가 좋으신 그 넓은 가슴으로 나를 안아주시면서 등을 토닥여 주셨을 때의 그 안온함은 내게 오랫동안 힘이 되었다.

나중에 내가 다른 곳으로 여러 번 이사를 가게 되어 성당을 옮기게 되었지만, 나는 권수녀님이 주신 그 마리아 조각상을 품에 안고 가서, 어느 집에서건 한쪽에 모셔 두고 항시 기도를 했다. 그리고 구태여 그 앞에서 머리를 숙여 기도를 하지 않더라도, 성모 마리아와 권수녀님이 늘 나를 지켜 주시고 아껴 주시리라는 믿음을 가지고 살았다. 그 믿음이 나를 지켜준 것이다.

오늘도, 나는 성모 마리아 조각상을 정성껏 닦으며 마음속으로 기도를 한다. 그러면 내게는 권수녀님이기도한 성모 마리아께서는 한없는 애정의 눈길로 나를 바라보시면서 한마디 하신다.

"힘내, 다 잘 될거야!"

아모르 화티

(Amor Fati: 운명애)

킹 크림슨의 에피타프(묘비명)가 방안에 낮게 깔리며 좌우로 퍼져 나간다. 잠들어 있던 잡다한 사물들이 몸을 부르르 떨며 낮게 고개를 숙인다. 나는 가슴이 에이는 듯해 의자에 깊숙이 몸을 웅크리고 눈을 감는다.

예전부터 마음이 울적할 때마다 나는 이 노래를 자주 들었다. 매번 들을 때마다 그 음울한 음색이 빈 가슴속을 훑고 지나가는 것 같기도 하고, 가도 가도 끝이 안 보이는 황량한 들판에서 내가 누군가를 찾아 헤매는 느낌이 들어서 늘 마음이 서늘하고 아프다. 그러면서도 자주 듣게 되는 것은 아픔이 아픔으로 치유되는 느낌이 들어서이다. 그러므로 내게는 이 노래가 힐링 치료제인 셈이다.

영원히 기록으로 남는 묘비명은 사람에 따라 다르듯이 죽기 전부터 미리 정해 놓기도 하고, 그가 죽으면 망자를 기억하는 사람들이 일생을 한 줄이나 두 줄로 정리해 묘비에 새겨주기도 한다. 하지만 운명의 움직임에 따라 느닷없이 세상을 떠난 사람은 그런 묘비명을 기록할 수 없다. 삶의 끝을 제대로 정리하지 못했기 때문이다.

그리스인들은 인간의 운명을 관장하는 세 여신이 있다고 믿었다. 인간의 탄생을 지배하는 신(클로드), 인간의 일생을 조종하는 신(라케시스), 또 인간의 죽음을 관장하는, 즉 생명의 실타래를 자르는 역할을 하는 신(아트로포스) 등이다.

그런데 예나 지금이나 죽음을 관장하는 아트로포스 신이 무색할 정도로 자기 스스로가 명줄을 결정해버리는 극단의 선택을 하는 일이 빈번하게 일어나고 있다. 인간으로서 탄생하고 일생을 조종하는 것은 마음대로 할 수 없기에 죽는 것만이라도 내가 내 식으로 하겠다는 것이다. 그래서 그들은 여러 가지 이유를 유서의 형식을 빌려 써놓고 직유의 세상을 버리고 은유의 세상으로 가버린다. 이렇듯 죽음은 신과 연관이 되기도 하고, 또는 무관한 일이기도 하다.

어느 누구는 생후 3살 때부터 죽음을 생각했다고 한다. 물론 농담이겠지만 그만큼 인간의 생사에 대해 어린 나이부터 고민했다는 의미일 것이다. 그에 비해 나는 7살 때부터 죽음을 생각해왔다. 돌이켜 보면 그것은 내 쌍둥이 남동생 중의 하나에게 아트로포스 신이 너무 빨리 들이닥쳐, 태어난 지 두 돌도 되지 않은 어린애를 데리고 가버린 탓이다. 어린 나는 동생의 무덤에 돌을 얹어주면서 그때부터 삶과 죽음에 대해 심각하게 고민하며 유년과 청소년 시절을 보냈다. 또한 동생의 죽음은 내 일생을 관통하고 있는 페시미즘에 천착하게 되는 계기가 되었다.

어디 그뿐인가. 내가 10대를 통과하고 있을 무렵, 나와 서너 살 차이가 나던 사촌 오빠가 꼬이기만 하는 자신의 운명에 반항하듯 아트로포스 신을 무시하고 새코날 과다 복용으로 자신의 명줄을 끊었다. 아무리 애를 써도 풀리지 않는 인생의 실타래를 스스로 과감하게 끊어버리고 만 것이다. 오빠는 죽기 전날 나를 찾아와 공부 잘하고 잘 지내라는 마지막 인사를 했다. 그때는 내가 세상일에 미숙한 탓으로 아무런 낌새도 알아채지 못했다.

그랬던 때문일까? 죽은 오빠의 혼백은 호랑나비가 되어 그가 머물던 방에서 몇날 며칠 동안 쉬지 않고 훨훨 날아다녔다. 마치 오빠가 이 세상을 날고 싶었던 만큼 대신 날고 있는 듯이 호랑나비는 그렇게 날고 날다가 어느 날 열린 문틈으로 어디론가 멀리 가버렸다. 아마도 먼 하늘로 가버렸을 것이다. 오빠의 접혀진 소망을 풀어주기 위해서.

그는 어떻게, 왜 호랑나비가 되었을까? 내게는 아직도 그것이 미스터리다. 또 오빠가 너무 아깝고 안타깝게 죽었다고 무당이 씻김굿을 할 때, 갑자기 무명천 한가운데가 쭉 찢어졌다. 마치 누가 보이지 않는 가위로 소리 없이 자른 듯이.

그것은 아마도 아트로포스 신이 오빠에게 화풀이를 한 것이 아닐까. 자신이 할 일을 두려움 없이 해버리는 인간이 괘씸하기도 하고 두렵기도 해서 말이다.

돌이켜 보면 내게는 다행이랄까, 외할머니가 내 생일 때마다 방 한쪽에 상을 차려두고 손녀딸의 무병장수를 삼신할머니에게 빌고 빌었기에 나는 아직도 현존하고 있는 것은 아닌가 하는 생각이 들기도 한다. 운명이란 의지로 개척할 수도 쌓아 올릴 수도 있다는 말처럼.

세상에는 죽을 운명에 매달려 삶의 길이를 연장하고 싶어 하는 사람이나, 자신의 비참한 운명을 저주하며 삶의 실타래를 끊고 싶어 하는 사람들이 서로 공존하면서 살아가고 있다.

그러나 이렇듯 자신의 인생에 회의를 느껴 죽음을 선택하는 경우도 있지만, 반면에 아무 이유 없이 남이 죽는다고 자기도 덩달아 죽는 경우도 있다. 이런 자살 신드롬 현상은 연쇄반응을 일으켜 너도나도 게임을 하듯이 죽는다. 하지만 그런 죽음은 영혼을 저당 잡힌 어이없는 죽음일 뿐이다.

니체는 우리의 의지에 저항하는 저 다른 세계가 운명이며, 그 필연적인 운명을 긍정하고 감수하며 사랑하는 것이 인간의 위대함을 보여주는 거라고 말했다. 그리고 자유 의지를 갖고 있는 사람에게는 운명이 자기 긍정의 힘이 되지만, 그렇지 못한 사람에게 운명은 자기부정의 구실이 된다고 했다. 그러므로 우리는 우리의 운명을 사랑해야 한다. 숙명은 피할 수 없다지만, 운명은 쟁반 위의 찻잔처럼 이리저리 원하는 대로 옮길 수 있기 때문이다. 그러기에 주어진 운명을 사랑하고 발전시켜 나가야 한다.

운명애(運命愛), 아모르 화티!

그러나 운명에 순종하기만 하는 것은 창조성이 없다. 오히려 운명을 긍정하고 자기의 것으로 받아들여 사랑할 수 있어야만 비로소 인간 본래의 창조성을 발휘할 수 있다고 했다. 그러기에 니체는 일생 동안 힘든 일을 겪으면서도 그것에 굴하지 않고 저작활동을 펼쳐 나갔다. 그는 운명을 개척

하며 이겨나갔던 것이다

나는 마음속으로는 수없이 아트로포스 신을 거역하면서도 겉으로는 주어진 운명을 긍정하고 사랑하듯 하며 수많은 나날들을 통과시켰다. 그것은 채 자라지도 못하고 죽은 어린 동생, 그리고 혼백이 호랑나비가 되어 천공을 떠돌던 사촌오빠와 손녀딸의 무병장수를 빌어 주셨던 외할머니가 저 세상에서 오랜 세월 동안 나를 지켜준다고 생각하기 때문이다. 그들이 있어 나는 내 운명을 넘어서서 쉼 없이 달려 온 것이다.

오늘도 내 방에서는 에피타프가 흘러넘친다. 나는 시공을 조월해 내게 모습을 보여주는 그들을 가슴으로 안으며 현실의 혼란을 잠재운다.

알람브라궁전의 추억

통기타가 유행하던 시절, 나는 친구에게 기타를 생일 선물로 받게 되었다. 그렇잖아도 관심을 갖고 있던 악기라, 그때부터 연주법 책도 사고 지인한테 배우기도 하면서 틈만 나면 연습을 하기 시작했다. 워낙 악기 다루는 재주가 없긴 했지만 내가 제일 먼저 연습한 곡은 「알람브라궁전의 추억」과 「Beautiful Brown Eyes」이었다. 무엇보다 「알람브라궁전의 추억」은 그 애잔한 선율이 내 우울한 정서와도 잘 부합되기에 꼭 연주해 보고 싶었던 곡이었다.

그러나 시작할 때는 무슨 일이 있더라도 이 두 곡은 기필코 잘해 내리라고 굳게 맹세하고 나름 열심히 연습을 했지만 그다지 만족스러운 결과를 드러내지는 못하였다. 식구들이나 주변에서 시끄럽다고 아우성을 치는 통에 그만 둘 수밖에 없었기 때문이다. 그런 연유로 그 기타는 내 젊은 날의 열정과 기대와 좌절을 품고서 방 한 쪽 구석에 처박히는 수모를 당하다가 급기야는 다락으로 쫓겨 가는 신세가 되었다.

그 뒤부터 지금까지 그 기타는 내 서고 귀퉁이에 한 자리를 차지하고 나와 함께 소리 없이 지난한 세월을 묵묵히 보내고 있다. 내 젊음과 야망이 스러진 지 오래되었듯, 기타 역시 오랜 세월 동안 음(音)을 잃고 단지 자신의 이름만을 간직한 채 숨죽이고 있다.

세인(世人)에게 널리 알려져 있듯이 「알람브라궁전의 추억」은 스페인의 작곡가 타레가가 작곡한 기타곡이다. 어릴 때의 사고로 한쪽 눈이 실명되다시피 한 타레가는 아버지의 뜻에 따라 기타를 배워 독창적인 연주법을 터득했다. 그리고 노력 끝에 기타를 바이올린과 같은 고급 악기로 승격시키는 단계에까지 이르게 하였다.

그에게는 짝사랑하는 여인이 있었다. 그런데 안타깝게도 그녀는 자신의 제자인 콘차부인이었다. 그는 이룰 수 없는 사랑에 혼자 가슴앓이 하다가 마음을 달랠 겸 스페인의 곳곳을 여행하였다. 여기저기를 다니다가 그라나다에서 그토록 그리워하던 콘차 부인을 만나게 되었다. 그는 그녀와 함께 알람브라궁전을 같이 구경한 뒤, 해가 언덕 위를 붉게 물들이던 저녁 무렵 그녀에게 사랑을 고백했다. 그러나 콘차부인은 그의 사랑을 받아들일 수 없어 거절하고 말았다. 그날 밤 타레가는 슬픔에 젖어 달빛이 흘러내리는 숲속에서 콘차부인을 그리며 「알람브라궁전의 추억」을 작곡했다. 사실 알람브라궁전은 워싱톤 어빙이란 작가가 출판한 책에 의해 이미 세상에 알려지긴 했으나, 실질적으로는 타레가의 이 기타 연주곡 때문에 유명해진 것이다.

나는 예전에 이 곡을 연주하면서 그 궁전을 막연히 상상해 보았다. 그리고 언젠가는 꼭 한번 가보리라는 꿈을 키워왔다. 무언가 몽상적인 그림을 머릿속에 그리며 타레가의 애달픈 마음을 그 현장에서 느껴보고 싶었던 것이다. 그러다가 이번에 이곳을 경유하는 여행팀이 있어서 만사를 제치고 따라 나서게 되었다. 내 경우에는 여행을 위한 여행이 아니라, 늘 마음속에서 생각하고 원하던 곳으로 벼르고 벼르다가 가게 되는 간절함이다.

스페인 남부 안달루시아의 그라나다에 있는 알람브라궁전에 도착했을 때는 한낮이었다. 알람브라는 아랍어로 '붉은 성'으로 불리는데, 그것은 한밤에 성벽과 망루, 그리고 성안에서 반사된 횃불에 의해 마치 성이 붉게 타는 듯이 보이기 때문이다.

이 궁전은 그리 크지는 않지만 군사요새인 알 카사바, 왕이 거주했던 나스르 궁전, 카를로스 5세 궁전, 그리고 여름별장으로 불리는 헤네랄리페 정원 등 네 부분으로 나뉘어 있다. 거의가 외국 관광객들로 붐비는 정원에는 입구에서부터 하늘을 찌를 듯 높이 솟아 오른, 원뿔 모양의 사이프러스가 즐비하게 늘어서 있다.

나는 그 정원을 지나가면서 내 방 벽면에 걸려 있는 고흐의 그림 「사이프러스가 있는 밀밭」 속에 있는 사이프러스와 비교해 보았다. 내 생각으로는, 실제 눈앞에 보이는 것은 너무 잘 다듬어 놓아서인지 고흐 그림 속의 사이프러스가 실제의 것보다 더 살아있는 것 같았다. 그렇게 보이는 것은 화가들이 자연을 그대로 옮겨 놓는 것이 아니라 가장 중요하다고 생각되는 특징을 찾아서 살려내기 때문이다. 사이프러스를 소재로 하여 여러 장의 그림을 그린 고흐는 이 나무를 이집트의 오벨리스크만큼이나 아름답다고 하면서 그 녹색에는 마치 해가 내리쬐는 풍경에 검정을 흩뿌려 놓은 것 같은 독특한 특질이 있다고 했다. 그래서인가, 정원의 사이프러스는 그림보다 색이 더 연하고 햇빛을 직접 받아서인지 윤기가 흘러 내렸다.

영원과 삶을 뜻한다고 하는 사이프러스가 늘어서 있는 정원 입구를 지나 안으로 들어가니 연못을 가운데 두고 양쪽에서 분수가 시원한 물줄기를 뿜어내고 있다. 그 주위에는 이름 모를 꽃들이 활짝 피어 정원을 한결 아름답게 꾸며 주고 있다. 그곳은 꽃과 분수가 잘 어우러지는 아세키아 중성(건물 밖이 아닌 건물 안에 있는 정원)이었다.

정원을 지나 안쪽으로 들어가면 나스르 궁전인데 안은 그리 넓지 않으나 이름을 달리한 여러 방들과 여러 모양의 중정들이 더 있었다. 그리고 왕의 집무실인 메수아르 방에는 검정, 녹색, 노랑, 파랑의 타일에 아라베스크 문양이 놀라울 정도로 섬세하게 새겨져 있었다. 또 칼리프 양식의 벽면과 천장에는 문양과 문자들을 기하학적으로 배치해 새겨 놓았는데, 가히 무슬림 장인들의 솜씨가 대단했음을 한눈에 알 수 있었다. 무엇보다 이 모든 것들이 알라 신에게 바치기 위한 것이라고 하니 그들의 신앙심은 상상을 초월함에 부족함이 없었다.

알람브라궁전은 원래 무어왕조에 의해 건축되어 1482년에 완공되었다. 그러나 10년이 지난 뒤에 기독교도들에게 넘겨지게 되었다. 아무런 저항도 해보지 못하고 쫓겨난 이 궁전의 마지막 왕인 보압딜은 시에라네바다 산맥을 넘으면서 통한의 눈물을 흘리며 이렇게 말했다.

"스페인을 잃는 것은 아깝지 않으나 알람브라를 다시 볼 수 없는 것이 원통하구나."

그래서 그가 넘은 언덕을 '통한의 언덕'이라 하고 궁전의 아름다운 분수와 연못의 물을 무어인의 눈물이라고 한다는 말이 전해지고 있다. 그러고 보면 많은 사연을 간직한 왕궁이기도 하다.

그런데 나는 이번에 이 알람브라의 궁전을 보면서 아직 가보지는 않았지만 사진으로 보았던 인도의 '타지마할'을 떠올리지 않을 수 없었다. 타지마할은 무굴제국의 황제였던 샤 자한 왕이 아이를 낳다 죽은 왕비를 위해 지은 묘지로서, 22년이나 걸려 거대한 자금을 들여 지은 것이다. 이곳이 정원식 궁전이라면 타지마할은 궁전식 묘지지만, 궁전의 형태만 다를 뿐 외관으로 볼 때 건축 양식이 비슷해 보인다. 그래서 시대적으로 계산해 보니 타지마할은 알람브라궁전보다 100년이 훨씬 지난 뒤에 지어진 것이기 때문에, 이 궁전을 본 따서 지은 것이 아닌가하는 생각이 들었다.

아무튼 샤 자한은 아내 사랑에 눈이 멀었다는 이유로 아들에게 왕위도 뺏기고 쫓겨나서 타지마할 근처에는 가지도 못하고 멀리 있는 아그라 성에서 바라보기만 했다. 마치 무어 왕조의 보압딜 왕이 알람브라궁전에서 쫓겨나 눈물을 흘리며 이 왕궁을 뒤돌아보고 애통해 했듯이 말이다.

알람브라궁전은 그 이름이 주는 아련함 때문인지 그곳에서는 세상과는 멀리 떨어져 몽한의 세계에 있다는 느낌이 들었다. 그래서인가 분수에서 내뿜는 물줄기 사이로 타레가의 애잔한 기타 선율이 잘 가꾸어진 사이프러스 사이사이를 넘나들며 들려오는 듯했다. 마치 잃어버린 사랑을 추억하면서….

나는 스페인을 떠나 집에 온 지 오래 되었지만, 섬세한 문양으로 장식된 알람브라 궁전의 모습과 태양을 향해 줄기를 쭉 뻗은 원뿔모양의 사이프러스가 무성한 오솔길이 아직도 눈앞에 선명하게 떠오른다. 또한 직사각형의 긴 연못에 떨어지던 분수의 물줄기가 햇빛에 반사되어 영롱하게 빛나던 그 한낮의 오후가 아직도 뇌리에서 지워지지 않는다. 그래서 정말로 오랜만에 제 이름만 간직하고 있던 기타의 커버를 벗기고 내 젊은 날을 추억하며「알람브라궁전의 추억」을 다시 한 번 연주해 본다.

가을
속으로
지다

가을이 정점을 보이며 타오르고 있다. 문 밖만 나서면 홍엽이 달려들어 들썩이는 마음에 진홍의 물감을 끼얹는다. 아니 단색이 아니다. 그라디에이션으로 색깔의 농도를 점차 높여가며 제 몸을 불태운다. 이에 동화된 사람 또한 모든 감각기관의 조임새를 풀어 놓아 저마다 호흡하며 영육을 풍성한 결실로 채워 마음이 넉넉해지는 계절이다.

그러나 나는 이런 아름다운 계절에 힐링을 받는 대신 오히려 마음 하나를 잃고 망연히 시간들을 넘기고 있다. 가을 초입 어느 날, 갑자기 지인이 세상을 달리했다는 소식을 접했기 때문이다. 아직 살아갈 시간이 많이 남아있는 사람이기에 급작스러운 그 부고 소식으로 적잖게 충격을 받았다.

누구나 이 세상에 왔다 가는 것은 어김없는 순리이지만, 아무런 예고도 없이 급작스럽게 죽음의 길을 떠났다니 도저히 믿을 수가 없었다. 그것도 천재지변이나 문명의 이기를 이용하다가 겪게 된 사고도 아니고, 집안에서 실수로 넘어진 채 한마디 말도 못하고 그대로 갔다니 안타깝기 그지없다. 긴 시간은 아니었겠지만 정작 본인은 영원히 다시 뜨지 못할 눈을 감으면서 얼마나 억울했을까 하는 생각을 지울 수가 없다.

무엇보다 집안에 식구들이 있는데도 알아차리지 못해서, 살릴 수 있는 시간이 지체되어 죽음에 이르게 되었다니 그것보다 더 참담한 일이 있을까 싶다.

그렇게 그가 어이없게 세상을 하직한 원인은 돌연사라고 한다. 이런 돌연사는 한 해에 4만 5천 명이나 발생한다는 보고가 있다. 그것은 심장마비나 급성 심근경색이라는 병명으로 졸지에 급사하는 경우이지만, 심폐소생술만 재빨리 한다면 사망을 줄일 수 있다고 한다.

그러고 보면 잘 살아가는 것도 중요하지만 잘 죽는 것이 얼마나 중요한 일인지 타인이 잣대가 되어 생각의 깊이와 성찰의 기회를 갖게 된다.

사람은 누구나 자신의 수명을 타고 태어난다지만, 적어도 어느 누구든 죽기 전에는 자신이 살아온 인생을 정리할 시간은 있어야 되는 것이 아닌가 생각한다. 주변 정리나 남길 말도 하지 못하고 그대로 돌아오지 못할 저세상으로 가버린다면 그 아픔의 무게를 어떻게 덜어낼 수 있을 것인가. 그것은 떠난 사람이나 남아 있는 사람에게나 다 마찬가지일 것이다.

사람의 육신은 죽어도 영혼이 금세 소멸되지는 않는다고 한다. 사람마다 생각은 다르겠지만, 그것에 관한 책이 많이 나와 있기도 하고 영화가 되어 죽은 사람의 행적을 알려주기도 하기에 나는 그런 사후세계를 부정하지만은 않는다.

그러기에 죽은 영혼은 레테의 강을 건너 이승의 일을 완전히 잊기 전에,

7일 동안 림보에 있으면서 자신이 죽게 된 원인과 지상에서의 삶에 대해 정리해 본다는 것을 부정하지 않는다. 이미 지상에서의 육신은 땅속에 묻혔거나 화장되어 없어졌지만 영혼은 쉽사리 잠들지 못하고 고통을 느낄 것이기 때문이다. 그러기에 영원한 안식처로 가기 전에 정리할 것은 정리하는 것이 이승에서나 저승에서도 필요할 것이라고 생각한다.

그렇게 지인은 자신의 생을 제대로 불태워 보지도 못하고 이승을 떠나 가을과 더불어 은유의 세계로 스러져 버렸다. 나는 지인의 급작스러운 마지막을 보면서 나 역시도 만산홍엽처럼 내 자신을 불태우지는 못할지언정 어이없는 죽음은 피하도록 남은 인생을 재정비해야겠다는 생각을 했다. 비록 자식에게 남겨줄 재산은 없더라도 한을 남기지는 말아야겠다는 것이다.

결국 모든 것은 허상이고 허망일 뿐이더라도 남아 있는 생을 사랑하고 사랑하면서 살아가야 될 일이다. 이것은 가을 속으로 사라져간 지인이 내게 남긴 삶의 지침서이다.

산책

내가 사는 동네가 산으로 가는 길목에 있어서인지 아침에 출근할 때 보면 등산 차림을 한 사람들이 자주 보인다. 다소 부럽기도 하지만, 사실 나는 산에 오르는 것을 그다지 좋아하지 않아서 곁에 산을 두고도 1년에 두서너 번 정도나 갈 뿐이라 남을 부러워할 것은 없다.

예전부터도 그랬지만, 사람들의 취미가 정적인 것에서 동적으로 바뀌고 나서부터는 더 많은 이들이 건강을 위해서 등산을 가거나 몸을 가꾸기 위해 헬스클럽 등에서 운동을 한다. 하지만 나는 그 어느 무리에도 끼지 못하고 살아오다 보니 날이 갈수록 몸이 천근만근 무겁게 느껴져서, 급기야 생각해낸 것이 직장 근처를 산책하는 일이다.

이즈음에는 건강을 위한 방책으로 산책로가 지역마다 조성되고 있지만, 반드시 나무가 우거진 숲속이나 한적한 길에서만 산책을 해야 한다는 법은 없을 것이다. 어디서든 마음이 편안하고 힐링이 된다면 장소가 무슨 상관이랴. 그래서 나는 점심 식사를 한 뒤 혼자서든, 동료들과 함께든 직장근처에 있는 도로변, 신사동 가로수 길을 자주 산책하고 있다.

그것은 내 몸의 건강을 위해서, 또 직장에서의 스트레스로 지끈거리는 머릿속을 산소로 채우기 위해 짧은 시간이지만 그 거리를 거니는 것이다. 길을 걸으면서 갈수록 화려해지는 쇼윈도를 기웃거리기도 하고, 때론 물건을 사기도 하며 정신을 이완시킨다.

때때로 직장에서 일이 꼬이거나 사는 것이 권태에 찌들어 힘들다고 느껴질 때면 동료들과 따로 떨어져 혼자 거리를 거닐며, 네루다의 「산책」을 입속으로 읊조려 본다.

때때로 산다는 것이 지긋지긋 할 때가 있다
어깨를 축 늘어뜨리고 무감각하게
양복점이나 영화관에 들어갈 때가 있다
잿더미와 시원(始原)의 물위를 떠다니는 솜뭉치로 만든 백조처럼

이발소의 냄새는 나를 소리쳐 울게 한다
난 오직 돌이나 양털의 휴식을 원할 뿐
다만 건물도, 정원도, 상품도, 안경도
승강기도 눈에 띄지 않았으면 했지만…
…(중략)

그러다 보면 마음이 어느 정도 풀어져서 걸음에 속도가 붙고 사무실로 향하는 발걸음도 가벼워지는 것 같다. 그런 날은 활자가 더 눈에 잘 들어오

고, 내 글이 아닌 남의 글에도 애정이 샘솟아 일에 능률이 오른다.

내가 산책을 하는 길은 도심의 길거리이지만 한 2, 3년 전까지는 그다지 복잡하지 않았다. 도로 폭은 좁지만 길 좌우에 은행나무가 빽빽이 서 있고, 길가의 상점에는 각종 신상들이 디스플레이 되어 있어 지나다니는 것이 재미있었다. 또한 그 길을 걷다 보면 가끔은 유명 연예인들이 작은 카페에 나와 앉아서 차를 마시거나 그 거리를 거니는 모습을 볼 수도 있다. 그리고 인터넷 쇼핑 몰에 올릴 사진을 찍는 모델들이 아름다운 자태를 보이며 포즈를 잡고 있는 광경을 보기도 하는 것이 낯선 즐거움이다.

그런데 언젠가부터 작고 소박한 상점들이 하나 둘 자취를 감추더니 지금은 예전에 비해 아주 많이 변했다. 그것은 이 길이 대중들에게 알려지게 되면서부터이다. 그 여파로 외국 대형 의류점과 각종 화장품 브랜드들, 점점 늘어나는 카페들로 거리는 더욱 화려해지면서 임대료의 급상승으로 작은 가게들은 보따리를 싸서 변두리로 가거나 아예 폐업해버렸다.

내가 단골로 다니던 작은 옷가게 주인도 그 와중에 밀려나 몇 년 동안 쌓아 놓은 입지를 상실하고 집에서 근근이 지속하더니 지금은 조금 더 변두리로 가서 간신히 옷가게를 다시 열었다.

사실 예전에는 몇 년 씩이나 자리를 차지하고 착실히 성장하는 점포가 있는가 하면 며칠 만에 가 보면 그 사이에 업종이 바뀐 점포들도 허다했다. 심지어 어느 점포는 한 달도 채 안 되서 업종이 바뀌어 얼마 전까지 무슨 점포였는지도 모를 정도로 상권이 요동치는 곳이다. 그래서 거의 1년 내내 이곳저곳에서 다시 리모델링하는 곳이 많았다.

그러던 것이 이제는 대형 브랜드들이 들어서서 상권을 잡고 있기 때문인지 점포를 부수고 다시 짓는 소란은 좀 없어진 것 같다. 하지만 일본이나 중국 관광객들이 거리를 점령하고 있어서 소박한 맛은 줄어들었다. 그러기에 저녁 퇴근할 무렵이나 주말이 되면 명동거리와 진배없을 정도로 젊은 인파들이 몰려드는 곳이 되었다.

더군다나 대로변에는 가히 성형지역이라 할 정도로 거대한 성형외과가 새롭게 신축되면서부터 중국 관광객들이 넘쳐나서 중국어가 거리를 잠식할 정도이다. 그래서 점차로 머리를 식히기 보다는 그저 한 바퀴 도는 것으로 의미를 두기로 했다. 그러니까 깊은 생각을 하기 위한 산책이 아니라 생각을 잠시 접어두기 위한 산책인 것이다.

하지만 그런들 어떠랴 싶다. 어차피 산책은 사전에 나온 말 그대로 휴식을 취하거나 건강을 위해서 천천히 걷는 일이 아니던가. 모든 것은 마음먹기 나름이니까 소란 속의 고요를 생각하면, 가로수 길이 숲길도 되고 한적한 올레 길도 되는 것이다.

네루다의 시는 이런 길을 걸으면서 읊조리면 더욱 제 멋이다. 삶의 지겨움이 덜어지는 느낌을 받기 때문이다.

나는 앞으로도 산책을 위한 산책이라기보다는 잠시 머리를 이완시키기 위해 걸으면서 네루다의 시를 계속 읊조릴 것이다.

두 눈을 뜨고 구두를 신고

분노하며 망각을 벗삼아 걷는다

사무실과 정형외과용 치료 상점을 지나간다

그리고 철사줄에 옷이 널려있는 뜰을 지나간다

팬티와 타월과 셔츠가 더러운

눈물을 뚝뚝 흘리고 있다.

천상의 목소리

사람의 목소리는 천차만별이다. 높고 낮고, 굵고 가늘고, 맑고 탁하고, 능글맞고 산뜻하고, 느끼하고 깔끔하고, 날카롭고 부드럽고, 얼음을 갈아 마신 듯 차고 따듯하고, 발칙하고 순수하고, 음울하고 햇살처럼 밝고… 등등, 실로 한두 마디로 정의를 내릴 수 없을 정도로 다양한 색깔의 목소리들이 있다.

그 많은 목소리의 음색과 음역에 따라 그 사람의 성격과 직업, 인품을 어느 정도 알 수 있다. 그러나 외모나 환경과 반드시 일치하지는 않는다. 듬직한 체구를 가진 남자의 목소리가 의외로 가늘어 듣기에 어색하거나 어울리지 않는 경우도 있고, 의외로 작은 체구의 사람이 굵직한 바리톤의 음량을 내어 목소리 그 자체만으로도 매력을 풍기기도 한다.

이건 순전히 내 개인적인 취향이지만, 남자의 경우에는 가수 레널드 코헨처럼은 아니더라도, 목소리의 톤이 중저음으로 묵직하면서도 맑은 울림이 있는 사람이 왠지 모르게 신뢰성을 주는 것 같아서 느낌이 좋다. 그런 목소리의 소유자가 얼굴이나 체격까지도 보통 이상의 수준이라면 금상첨화일 것이다. 그러나 그런 목소리라고 해도 허세를 품고 있거나 음흉함을 내포하고 있는 위선의 것일 때는 혐오감을 느끼게 된다.

남자와는 다르게 여자의 경우에는 정이 담긴 부드러우면서 맑고 청아한 목소리가 좋다. 반면에 너무 애교가 넘쳐흘러서 다소 천박한 느낌을 준다거나, 혹은 지나치게 이지적으로 딱딱하거나 차가운 금속성 냄새를 풍기는 그런 목소리는 비인간적인 느낌이 들어 거리감이 생긴다. 그리고 성(性)의 구분이 애매한 목소리는 두려움을 느끼게도 한다.

학창 시절에, 여학생으로서의 얼굴은 그야말로 보기 드문 미인인데 목소리가 남자의 바리톤 음색인 학우가 있었다. 별로 말이 없던 그 애가 어쩌다 말 한마디라도 할라치면 누구든 처음에는 깜짝 놀라 몸을 부르르 떨기까지 했다. 예쁜 여학생의 목에서 갑자기 남성성을 맞닥트리게 되는 놀라움 때문이었다. 그 친구는 트랜스젠더도 아니었는데 목소리가 남자와 흡사한 것이 너무 이상했고, 왜 그런 소리가 나오는 건지 그 당시는 도저히 이해할 수 없었다. 그러나 세월이 지나면서 그 애처럼 남자도 여자의 소프라노와 다름없는 목소리를 내는 사람이 있다는 것을 알게 되었다.

사람의 목소리는 나이를 먹어감에 따라 조금씩 변한다. 여자와는 다르게 남자의 경우에는 청소년기에 급격한 체격의 변화와 함께 성대도 함께 길어지면서 성대점막 구조가 변한다. 그런 변화를 겪으면서 이전에는 맑고 아름답던 목소리가 굵직하고 탁하게 바뀐다. 그러면서 아이가 갑자기 어른

이 된 듯해 그 목소리만으로는 아버지와 아들을 혼동하는 경우가 종종 있다. 그러므로 지인의 집에 전화를 걸게 될 때 누구든 한두 번은 실수를 하기도 한다.

그렇듯 남자는 사춘기를 지나면서 목소리가 변화된다. 그런데 그 변화의 과정을 겪기 전의 목소리로 노래를 불러 대중의 마음을 위로하는 소년들이 있다. 그들은 '파리나무 십자가 소년합창단'이다.

나는 서너 달 전, 소설을 쓰는 문우를 만나러 전주에 갔다가 마침 그곳에서 그 소년들의 공연을 보게 되었다. 아직 변성기가 채 지나지 않은 24명의 소년들로 이루어진 그 '파리나무 십자가 소년합창단'은 여성이 내는 소프라노의 높은 음색, 즉 '보이 소프라노'로 노래를 한다. 그들은 이 매력적인 목소리로 최상의 하모니를 이루어 내는 것이다.

악기도 없이 목소리만의 합창으로 악기 이상의 화음을 내는 그 소년들의 목소리는, 마치 하늘에서 천사들의 노랫소리가 오색구름을 가르고 들려오는 것처럼 감미롭고 가히 환상적이었다. 그래서인가, 나뿐만이 아니라 많은 이들이 눈을 감고 그 소년들의 목소리에 젖어 들어 잠시 분주한 일상을 접고 상상의 나래를 펴는 듯 편안한 표정들이었다. 간혹 객석에서 감탄사가 들려오기도 했다.

그 소년들이 내는 보이 소프라노는 변성기 전 소년의 목소리가 소프라노와 같이 맑고 음역이 높으므로 여성의 소프라노를 대변한다. 중세의 이탈리아에서는 생물학적 거세를 통해 남자가 여자의 소프라노나 알토 음역을 내는 가수가 있었다고 한다. 그런 남자가수를 '카스트라토(Castrato)'라고 했는데, 그 변화를 통한 것이 바로 보이 소프라노다.

그 '파리나무 십자가 소년합창단'들은 공연도중에 변성기가 오게 되면 보이 소프라노의 미성을 더 이상 낼 수 없기에 다른 보컬파트로 바뀐다고 한다. 철저하게 변성기 전의 목소리만 허용되는 것이다.

그 소년 합창단들의 청아하고 맑은 노래가 삶에 지친 사람들에게 잠시라도 안식을 느끼게 하는 것처럼, 좋은 목소리는 누구에게나 잔잔한 감동과 깊은 울림을 준다. 그러기에 그런 목소리는 사악한 마음이나 욕심이 가득한 사람에게서는 나오는 않을 것 같은 생각이 든다. 영혼이 맑아야 내공도 깊어지고 분출되는 소리도 맑지 않을까.

문득 내 목소리는 나의 모습과 부합되는 걸까 하는 궁금증이 생겨 마음이 불안해진다. 나는 부랴부랴 녹음기를 들이대고 애써 목을 가다듬고 시 한 편을 읊어본다.

춘래불사춘
(春來不似春)

'눈을 뜨니 온 세상이 하얗다. 아직도 겨울인가?… 거긴?'

멀리 전라도 진안, 깊은 산속에 사는 소설가 친구가 메일을 보내왔다. 나도 답을 보냈다.

'여기? …역시 계절이 느닷없네.'

백설양춘(白雪陽春), 흰 눈이 내리는 이른 봄이라는 말처럼 '아직도'와 '느닷없이'라는 말이 실감이 날 정도로 춘설이 휘날리고 있어, 얇은 꽃가지가 몸을 부르르 떠는지 가지가 가벼이 흔들리고 있다. 엄동설한에 죽은 듯 몸을 사리고 있다가 제철이 돌아온 듯해, 기지개를 켜고 서둘러 얇은 옷을 챙겨 입고 나오던 봄꽃들은 느닷없이 복병을 만나 바들바들 떨며 어찌할 바를 모르고 있다.

항시 이때쯤이면 멀리 떠나던 겨울이 미련을 버리지 못하고 되돌아와서 훼방을 놓는 것이다. 그가 뒤태를 거두고 가려면 서너 날씩, 서너 번은 족히 몸을 도사리고 추위에 떨어야 한다.

지난 초봄에는 더했다. 산에는 군데군데 진달래 피어올라 창백하던 얼굴에 선혈로 볼연지를 찍어대고, 개나리와 산수유는 누구의 색감이 더 좋은가 내기라도 하듯이 샛노랗게 몸을 감싸면서 스타카토로 걸음을 내딛고 있을 때, 이미 떠난 줄 알았던 겨울이 갑자기 되돌아 온 함박눈을 왈칵왈칵 쏟아 부었다. 고개를 바짝 쳐들던 봄꽃들은 '으악' 소리를 지르며 더러는 기절도 하고, 더러는 곤두박질도 치면서 정신을 차리지 못한 채 숨죽이고 있어야만 했다. 겨울속의 아니마가 시새움을 거두고 물러가기를 견디어내야만 했던 것이다.

나는 그때쯤, 벚꽃 축제가 열린다는 광고를 보고 충청도 청풍호반에 가게 되었다. 그러나 그곳에서도 봄은 들어서다가 갈 길을 잃었는지 벚꽃은 그림자도 보이지 않고, 길가에는 축제용 청사초롱만 일렬종횡대로 매달려 긴 강삼자락을 펄럭거리며 수런대고 있었다. 급기야 서둘러 광고를 내보낸 축제 준비위원회에서는 몰려들 관광객들을 위해, 행사장 입구 가로수에 만개한 벚꽃나무 십여 그루를 남녘에서 가져와 서둘러 심었다.

급조된 꽃나무들은 개업 상점 앞에서 몸 흔드는 행사용 쭉쭉 빵빵 도우미들처럼 거짓 웃음을 방긋대고 있는데, 갑자기 눈발이 휘몰아치는 바람에 눈웃음치던 꽃잎들은 하나씩 고개를 떨어뜨리고 말았다.

해마다 봄이면 일이 한두 번이 아니건만, 그럴 때마다 기진맥진하는 것은 믿고 방심한 탓이다. 좀 더 옷깃을 여미고 신중했어야 하는데, 어디 그것이 만만한 일이던가. 온몸 꽁꽁 묶어놓고 정신줄마저 놓은 채 죽어지내는 동안, 세상에 고개 내밀고 '나 여기 있어요' 하고 두 손 두 팔 벌리기를 얼마나 학수고대 했던가.

이것은 그들만의 피해는 아니다. 봄이건만 때 아닌 폭설로 졸지에 집이 무너져 버려 난감해 하는 이재민들이나, 폭삭 주저앉아 버리는 비닐하우스 재배지, 또 꽃이 얼어서 열매를 맺지 못하게 되는 오미자 재배 농가에서는 한 해 농사를 완전 망쳐버리고 만다. 그러기에 이젠 느닷없이 내리는 춘설은, 반가움의 의미보다는 두려움으로 재인식하게 되었다.

떠날 때는 미련 없이 가야하거늘 이렇듯 가는 듯 마는 듯한 겨울의 뒷모습을 보면, 마치 우유부단한 사람을 마주 대하고 있는 것 같아 가슴이 답답해진다. 떠날 때 떠나지 못하는 것은 정이 남은 미련인가, 욕심을 품은 사랑의 유예인가.

사람이나 계절이나 뒷모습을 보이는 형태는, 그 행위여하에 따라서 좀 더 애정을 갖느냐 아니면 환멸로 이어지느냐가 판가름되는 중요한 관건이라고 할 수 있다. 그래서인지 이즈음 겨울의 뒤태를 보면 입장은 화려하지만 퇴장은 지저분한 부패한 권력자들의 말로(末路)나, 헤어지지 못하고 미련을 보이는 못난 인간의 모습과 다름없다.

정과 욕심은 결코 같은 의미를 내포하지는 않는다. 정은 있지만 떠나보낼 수밖에 없는 안타까운 몌별이 아닌, 보내기 싫은 욕심으로 고이 보내고 싶지 않은 이별인 경우에는 반드시 가해자와 피해자가 있기 마련이다. 그러기에 이미 인연을 끊은 사람의 한쪽에서 가해를 입히는 일들이 비일비재하게 일어나는 것을 보면, 한 번 맺은 인연의 뿌리가 저리도 질기고 깊은 것인가 하는 의구심이 생긴다.

지금은 흔한 말이 되었지만, 떠나야 할 때를 잘 알고 떠나는 사람의 뒷모습은 언제고 아름답다. 절제의 시기를 아는 현명함이 있기 때문이다. 그러나 눙치고 앉아 등 떠밀어야 마지못해 떠나는 것은 계절이나 사람이나 환멸만을 안겨 줄 뿐이다.

인생은 대리석과 진흙으로 이루어져 있다고 한 N.호손의 말대로, 어느 날은 반짝거리다가도 또 어느 날은 발이 푹푹 빠지는 진흙탕이 되어 우리를 고통 속에 몰아넣는다. 그렇듯 인생이 행(幸)인가 하면 불행이고 기쁨인가 하면 슬픔인 것처럼, 이것도 아니고 저것도 아닌 것이 우리의 삶이며 봄의 모습이 아닌가 한다.

오래도록 변함없는 사랑이 없듯이 변하지 않는 아름다운 봄빛(백년춘색)은 간 곳 없는 봄날에, 구십춘광(九十春光)의 봄을 그리워한다.

평원의 우편함

가도 가도 끝없이 이어지는 뉴질랜드의 푸른 평원에 수많은 양떼들이 풀을 뜯으며 한가로이 노닐고 있다. 그 양떼들의 모습은 보이는 그대로 한 폭의 그림이나 사진처럼 움직임이 거의 없었다. 무엇보다 그 주위에는 사람은커녕 그림자조차도 보이지 않았고, 가끔씩 여행객들을 싣고 밀포드 사운드(Milford Sound)로 가는 대형 버스나 목적지를 알 수 없는 승용차들이 지나갈 뿐이었다.

나는 버스 안에서 창밖을 향해 고개를 돌린 채 그 양떼들을 정신없이 쳐다보다가 어느 지점에 이르렀을 때 갑자기 나도 모르게 감탄의 소리를 지르고 말았다. 그것은 서로 엇비슷한 모양의 예쁜 우편함 여섯 개가 나란히 평원의 도로 옆에 세워져 있는 것을 보았기 때문이다. 그 우편함들은 나무로 만들어 페인트칠을 한 것과 둥글고 작은 양철통으로 입구를 반만 잘라내고 만든 것 등 조금씩 달랐는데, 각각 나무나 철판 기둥에 단단히 매달려 있었다.

가는 길 내내 집이라고는 본 적도 없고 아무리 둘러 봐도 멀리 보이는 산과 넓은 평원에 양떼와 소들만 있었는데, 갑자기 여러 개의 예쁜 우편함들이 있으니까 무언가에 홀린 듯한 느낌이 들었다. 마치 평원에 동화책 한 페이지가 펼쳐져 있는 것 같기도 했고, 영화의 한 장면을 보고 있는 것은 아닌가하는 착각에 빠지기도 했다. 그래서 나는 고개를 이리저리 돌리면서 어디선가 학이 편지를 물고 와서 그 우편함에 넣고 가는 것은 아닐까하는 생각을 하기도 했다. 그러면 풀을 뜯던 양들이 부리나케 달려와서 두 발을 곧추세우고 그 편지를 꺼내갈 것 같은 상상을 하느라 멀어져가는 우편함에서 오랫동안 눈을 떼지 못했다.

하루가 다르게 변화해 가는 디지털시대에 이렇듯 아날로그 식의 편지를 넣어 두는 우편함을 전혀 의외의 장소에서 보게 되니, 몇 년 전에 본 영화 중에서 「시월애(時越愛)」와 「편지」가 생각난다.

바닷가에 '일 마레'라는 아름다운 집한 채가 있고 그 집 입구에는 가로등 같은 예쁜 우편함이 있었던 「시월애」 배경이 바닷가라서 그런지 더 애잔하면서도 깊은 사랑이 느껴지는 이 영화는 시공을 초월해 남녀가 서로의 마음을 나누는 것이 테마인데, 당연히 우편함이 매개체 역할을 한다.

어느 해, 일 마레에서 살던 여자가 이사를 가면서 이사 올 미지(未知)의 사람에게 '자기에게 오는 편지를 잘 받아서 보내달라'고 하고 '겨울에 눈이 많이 오니까 감기에 조심하라'는 편지를 그 우편함 속에 남기고 간다. 새로 이사 온 남자는 그 편지를 읽으면서 날짜를 보고는 2년 후의 미래에서 온 편지임을 알게 된다. 서로가 상처를 안고 살아가는 두 남녀는 그로부터 공간적 이동을 하며 이 우편함을 통해 편지를 주고받으면서 소통하고 사랑을 키워간다. 이것은 있을 수 없는 이야기이기는 하지만 있을 수도 있는 일이다.

또 영화 「편지」는 회생이 불가능한 남자 주인공이 자신이 죽은 뒤 혼자 남겨질 아내에게 남길 말을 편지로 써서 어느 누군가에게 맡긴다. 마침내 그가 죽은 뒤부터 얼마 동안 집 앞의 우편함으로 그의 편지가 계속 배달된다. 그녀는 남편의 편지를 읽으면서 삶의 의지를 다져간다.

두 편 다 진부하기는 해도, 디지털시대에 박물관화 되고 있는 아날로그식 우편함이 매개체가 되어 초월적 소통과 사랑을 이루는 매우 쓸쓸하고도 따뜻한 영화이다.

가끔 여행을 하다보면 어느 곳이든 그 여행지에서 빨간 큰 우편함을 만날 때가 종종 있다. 그럴 때마다 느껴지는 감정은 이름 모를 그리움이다. 낯선 곳에서의 외로움이 우체통을 봄으로써 그립다는 감정으로 전이되는 것이다.

예전에 K선생님께서는 외국으로 나가시면 언제나 그 나라의 풍물이 깃들어 있는 엽서에 일일이 안부편지를 써서 여러 제자들에게 보내셨다. 그래서 우리는 선생님이 여행을 가시면 그날부터 매일 우편함을 기웃대며 엽서를 기다리곤 했다.

이렇듯 마음과 마음이 서로 소통되는 것 중에서 편지만한 것이 있을까 하는 생각을 새삼 하게 된다. 손끝을 통해서 한 글자 한 글자 쓴 엽서나 편지를 우편함에서 꺼내볼 때의 설렘은 기쁨 그 자체이다. 지금이야 인터넷 메일이나 핸드폰의 문자나 카카오톡 등으로 안부를 묻고 영화, 게임까지 다 해결되는 시대인지라, 마음이 담긴 편지를 우편함에서 꺼내 보는 일은 드문 일이 되었다.

그러기에 낯선 곳에서 보게 되는 작은 우편함은 한결 정서를 불러일으킨다. 더군다나 양떼들과 소떼들이 노닐며 풀을 뜯고 한가롭게 흘러가는 구름을 벗 삼고 있는 곳에 있는 평원의 도로변에 있는 우편함에는 한층 응축된 그리움이 내재되어 있고, 사랑과 상상이 담뿍 담긴 이야기와 인사말들이 넘쳐날 것만 같다.

나는 가끔 그 드넓은 평원의 우편함을 눈앞에 그려 보며 그 곳의 양과 소들에게 안부 편지를 보내고 싶어진다. '잘들 지내고 있는지, 그곳의 날씨는 어떤지, 비가 오면 어디로 피하는지' 등, 한 자 한 자 정성들여 써서 6개의 우편함에 각각 한 통씩 부치고 싶다. 시월애에서 시공간을 넘어 편지로 소통하듯이 나도 그들과 정을 나누고 싶은 것이다. 그리움을 한 아름 듬뿍 담아서….

84

ROUTEBURN
‹ GREENSTONE 21 km
NO EXIT
KINLOCH 9 km

동백,
그 핏빛 울음
지석묘의 혼

1. 지석묘의 혼

꿈속에서 동백이 살포시 웃으며 나를 반긴다. 붉은 꽃잎에서 금방이라도 진홍의 물이 뚝뚝 떨어질 듯하였다. 잠결에 베란다에 나가 화분에 있는 동백을 보았다. 추위 탓인지 아직 봉오리만 봉긋하니 내밀었을 뿐 꽃은 피우지 않았다.

불현듯 오래전에 본 오동도의 동백꽃이 생각났다. 여수의 바닷가와 어우러져 더욱 선혈을 내뿜듯 붉디붉었던 동백의 잎들…. 그 울부짖는 듯한 꽃잎을 한 잎 한 잎 따서 바닷가에 날려 보내던 일들이 바로 어제처럼 다가선다. 그리웠다. 무리 지어 피어있는 그 동백의 숲이… 내 핏빛 울음을 온전히 삼켜버린 그 숲 속의 꽃잎들이.

나는 꿈을 꾼 그날부터 동백 숲이 눈앞에 어른거려 애를 태우다가 마음을 풀 수 있는 기회를 갖게 되었다. 우리나라에는 동백이 서너 군데 무리지어 피고 있지만 그중에서도 선운사의 동백이 제일이라는 어느 문우의 말을 듣고 서너 명이 길을 떠나기로 한 것이다. 모두들 봄이 오는 길목에서 정열을 내뿜듯 피어나는 동백꽃이 보고 싶어 애달파 하는 사람들이었다. 우리는 동백꽃에 마음을 적시기 위해 남으로, 남으로 발길을 옮겼다.

출발할 때는 화창하던 날씨가 호남고속도로에 들어서면서부터 눈보라가 휘몰아친다. 그러다가 금세 파란 하늘로 바뀌어 태연한 척하더니 또다시 눈발을 날리며 낯선 객의 심사를 어지럽게 하였다. 봄을 앞둔 기온의 변화가 예측을 불허하기는 하지만 황당하였다.

정읍이 가까워 오자 눈발은 더 휘날리고 가깝게 보이는 산야는 흰눈에 점차로 덮여간다. 정읍을 넘어 고창에서 아산을 지나 선운사로 가는 길에 고인돌 무덤이 상갑리 석치동(石置洞) 야산에 즐비하게 늘어서 있는 '고인돌의 고장'에 먼저 들렀다.

이곳에는 500여 기나 된다는 고인돌들이 야산은 물론이고 논과 밭, 그리고 집 마당에서도 지난 세월의 풍상을 고스란히 겪어내며 군락을 이루고 있고, 제 집 대문에 문패를 달아 놓듯 저마다 고유번호를 붙이고 있다.

나는 눈발 속에서 모습을 드러내고 있는 지석묘를 보면서, 눈과 함께 땅속의 영혼들이 일제히 일어서는 듯한 환각에 빠졌다. 마치 눈꽃 축제를 벌이려고 모두 일어서서 덩실덩실 춤을 추고 있는 듯한 환상에 빠져 한동안 꿈을 꾸듯이 내리는 눈발 속에 서 있었다.

공동묘지가 아파트처럼 즐비한 곳에서는, 밤마다 죽은 영혼들이 모여 농구도 하고 다른 놀이도 하기에 그 근처에 사는 주민들은 그 소리를 듣기도 한다는 말을 들은 적이 있어서, 시공을 초월하여 상념에 빠지게 되었던 것 같다.

고인돌은 청동기시대의 대표적 유물로서 묘제(墓制)이며, 고대국가 발생 이전의 계급사회시대의 족장사회 상류층의 묘지이다. 고장마다 조금씩 형태가 다르게 놓여지며 그 모양에 따라 불리는 이름이 달라지는데, 이곳 고창에는 굄돌을 세워 그 위에 큰 뚜껑돌을 올려놓는 탁자식(일명 북방식)과 받침돌이 없이 멀리서 보면 크고 작은 바위들이 질서 없이 흩어져 있는 듯 보이나 대부분 굄돌로 보이는 바둑판식(일명 남방식)이 즐비하다.

흰 눈이 흩날리는 한적한 고장에서 셀 수도 없이 많이 흩어져 있는 조상의 혼들과 조우하다가 보니 시간의 흐름도 잊어버린 듯 모두들 쉽게 떠날 생각을 하지 않는다. 더 날이 저물기 전에 선운사로 가기 위해 그 고장을 떠나며 뒤돌아 바라보니, 커다란 기암절벽이 산 전체를 에워싸듯 솟아있었다. 동양의 산수화에서나 봄직한 높고 날카로우면서 웅장한 느낌을 주는 산 같은 바위였다.

영혼이 서린 듯한 그 바위를 보노라니 고인돌이 반드시 무덤으로만 쓰였던 것이 아니라는 설(說)처럼, 그 거대한 기암괴석은 이 고장전체를 아우르고 고장의 안태(安泰)를 기원하는 제장(祭場)구실을 하면서, 크고 작은 고인돌을 보호하고 있는 듯이 여겨졌다. 그래서인지 무성한 소나무 숲 속에서 위용을 자랑하고 있는, 그 절묘한 큰 바위가 보면 볼수록 신비스럽게 보였다.

때맞추어 내리는 눈송이들이 바람결 따라 흩어지니, 바위를 가르고 신선이 그곳에서 불쑥 나타날 것만 같아서 선계에 들어와 있다가 인간세상으로 나가는 것 같은 느낌에 휩싸였다.

이곳에서는 가면 갈수록 호남고속도로에서 보았던 것처럼 논이고 밭이고 간에 봉분이 낮은 무덤들이 즐비했고, 선사시대의 무덤인 고인돌과 봉분 사이에 집들이 있다. 그러고 보니 산 자와 죽은 자가 별개의 것이 아니라 같이 공존하고 있는 것이며, 삶과 죽음은 하나이니 다만 눈떠 있고 눈감은 것만 다를 뿐, 산 것이 죽은 것이고 죽은 것이 산 것이었다.

시간을 구태여 따지지 않아도 좋을 곳에 있다 보니, 내가 지금 있는 곳도 잊어버리고 갈 곳조차 걱정이 되지 않는다. 그저 시공을 초월한 그 상태에서 무념의 존재이고 싶다.

2. 동백, 그 핏빛 울음

쏟아지는 눈발을 헤치고 선운사 입구에 도착하니 십여 대의 관광차에서 등산복 차림을 한 중년들이 쏟아져 나온다. 그들과 앞서거니 뒤서거니 하며 가다가 오른쪽을 바라보니, 금세라도 비상할 것 같은 새 형상의 커다란 돌에 육필 원고를 그대로 판각한 서정주님의 시비(詩碑)가 새겨져 있었다.

선운사 골째기로/ 선운사 동백꽃을/ 보러 갔더니/ 동백꽃은 아직 일러 피지 안했고/ 막걸리집 여자의/ 육자배기 가락에/ 작년것만/ 상기도 남었습니다/ 그것도 목이 쉬어 남았습니다.

시비에 새겨진 글을 읽노라니 선운사의 동백꽃은 만개한 것을 보기가 힘들더라는 말을 간혹 들은 것이 생각났다. 이곳의 동백은 유난히 다른 지역에 비해 늦게 피기에 꽃피는 시기를 잘 잡지 못함이라 생각되지만, 왠지 신비한 느낌까지 들었다. 신기(神氣)가 어린 곳이라 쉽게 꽃을 보여주지 않으려는 것은 아닐까하는 엉뚱함이었다.

절 쪽으로 향하니 스님의 독경소리가 경내에 잔잔히 울려 퍼진다. 〈반야심경〉이었다. 몇 년 전에 그 불경 전문을 예서체로 써서 동생 시댁에 선물을 한 적이 있었기에 아직 잊혀지지 않은 구절을 속으로 웅얼거리며 경내로 들어섰다.

등산복 차림의 무리들은 산으로 갔는지 보이지 않고 서너 명만이 뜰 안의 여기저기를 기웃대고 있다. 우리는 법당에 먼저 얼굴을 디밀어 불상과 눈인사를 나눈 뒤 대웅보전 뒤에서 군락을 이루고 있는 동백나무 숲으로 발길을 옮겼다.

아직 꽃은 피지 않아서 짙은 향은 나지 않았지만 멀리서 보아도 빠알간 봉오리가 봉긋이 보였다. 이 선운사의 동백은 봄이 한창 무르익어 가는 4월이나 5월이 되어야 핀다고 하지만 봉오리를 보니 바람만 멈춘다면 금세라도 꽃을 피울 것만 같았다. 이곳의 동백꽃을 마음속에 그리고 왔기에 아쉬움이 발길을 붙잡는다.

기실 선운사는 무엇보다도 천연기념물로 지정된 동백나무 숲으로 유명하다. 신라 진흥왕 때 창건되었다는 선운사는 동백 숲이 절 뒤쪽을 감싸고 있어서인지 한적하면서도 아늑하고 절이 숲에 품어 안긴 듯한 느낌이 든다. 그러기에 동백꽃들이 다 피면 그 핏빛이 선운사 전체를 물들이고 그곳

일대를 잠식해 버릴 것 같았다.

'그대를 누구보다 사랑한다'나 '신중하고 허세를 부리지 않는다'는 꽃말을 지니고 있는 동백, 유치환 시인은 '목놓아 울던 청춘이 이 꽃이 되어…'라며 시심으로 통곡을 했고, 어느 마음 여린 시인은 '여자에게 버림받고/ 살얼음 낀 선운사 도랑물을/ 맨발로 건너며/ 다시는 울지 말자고/ ……/ 사랑 때문에/ 여자 때문에/ 눈물을 감추다가/ 동백꽃 붉게 터지는/ 선운사 뒤안에 가서/ 엉엉 소리내어 울었다'는 시로 마음을 쏟아버렸다.

이렇게 봄빛의 화사함과 애절함을 교차시키며 붉게 타올랐다가 가장 아름다운 모습을 보일 때에 꽃송이가 툭 떨어져 버리는 동백. 그 처연함에 붉은 눈물이 소리 없이 쏟아지고 말리라.

3. 상사화

선운사에는 동백꽃도 아름답지만 8월이나 9월에는 이 일대와 도솔암에 이르는 골짜기 주변에서 피어오르는 자홍빛의 꽃, 비련의 상사화가 보는 이의 마음에 아릿한 여운을 남긴다. 꽃은 꽃대로, 잎은 잎대로 피어 서로를 그리워한다는 가을꽃이다.

지난 늦가을 달재를 찾아 장수에 가다가 행여나 하고 이곳에 들렀을 때, 잠시 보았던 상사화가 희미하게 떠오른다. 절 입구로 들어가기 전 나무숲의 그늘 속에서 자홍빛의 꽃송이들이 시들은 꽃잎을 떨구면서 힘겹게 버티고 있었다. 꽃술이 다 드러난 채 피어 있다가 마악 모습을 거두는 참이었는데, 나처럼 뒤늦게 자신을 찾는 객(客) 위해서 그렇게 힘겹게 남아 있었던 것 같았다.

그리움에 지쳤던지 꽃술과 꽃잎이 수척해 보였다. 군락을 지어 피어 있던 많은 꽃들은 다 시들어 초라한 모습으로 형체도 알아보기 힘들 정도였는데, 몇 송이라도 남아있는 것을 보니 반가웠다. 가느다란 연두색의 미끈한 꽃대와 야리야리한 꽃잎, 꽃술, 감춤도 없이 드러내 보이는 자신의 모습, 어쩜 그렇게 은밀함조차 없는지….

'꽃무릇'이라고도 불리는 상사화에 대한 전설은 서너 가지나 된다. 선운사에 불공드리러 왔던 여인이 스님에게 연모의 정을 느껴 상사병을 앓다가 죽어서 된 꽃이라는 설도 있고, 스님이 세속의 여인을 사랑했으나 만나지 못하고 죽어 상사화가 되었다는 설도 있지만 전란으로 죽은 사람들의 슬픈 영혼이 꽃이 되었다는 말도 전해지고 있다.

그러기에 상사화는 임이 그리워 피고 지며, 한(恨)이 맺혀서 피고 지기에 꽃조차도 잎과 서로 엇갈리면서 피어나며 사랑의 정한과 억울한 한이 꽃으로 환생되어서 슬픔을 전하고 있다.

4. 백파비문

겨울은 끝자락을 보이고 있지만 길가는 내린 눈이 날씨 탓으로 얼어서 미끄러웠다. 선운사에서 내려오다가 백파비문이 있는 전나무 숲으로 들어섰다.

나무들이 두런거리는 소리가 바람을 타고 들려오는 듯했다. 나무들은 서로 말을 주고받는다더니 그들만의 언어도 더러는 노출이 되는 것이 아닌가하는 생각을 하며 안으로 더 들어가니, 오랜 풍상을 겪어 낸 비문들이 가

지런히 서서 우리를 반긴다. 어렵사리 찾은 추사가 쓴 백파비문은 그 누구도 따를 수 없는 활달한 필체의 글씨로서 주위에 있는 다른 비문들의 글씨를 압도하였다.

앞면에는 해서체로 '화엄종주 백파대율사 대기대용 지비(華嚴宗主 白坡大律師 大機大用之碑)'라고 힘차고 강건하게 씌여져 있었고, 뒷면에는 행서체로 비문의 풀이 내용과 백파의 삶을 기리는 내용이 적혀 있는데, 이 글씨는 추사가 쓴 작품 중에서 최고로 평가되는 금석문으로 전해진다고 하듯이 추사의 기개가 비문 밖으로 나오는 힘이 느껴졌다.

선(禪)의 관념 차이로 논쟁을 벌였다는 추사와 백파. 한 시대를 풍미하던 그 걸출한 인물들은 가고 없지만 이렇게 비문에 글을 남김으로써 후세들을 감동시키고 있다.

나는 한때 추사체에 반해서 모사 하느라고 수많은 밤을 밝혔던 생각들이 불현듯 떠오르다가 겨울바람 속으로 흩어진다.

5. 고택(古宅)

시간이 갈수록 눈발은 더 세어지며 갈 길을 재촉한다. 우리는 고창으로 가는 길에 부안면에 있는 인촌, 김성수 생가를 마지막으로 들러보기로 했다. 하루길이라 마음은 바쁘지만 꽃잎처럼 휘날리는 흰 눈이 마음을 쉬 놓아주지 않고 이곳에서 서성이게 한다.

어둠이 산으로부터 몰려와 사위는 시나브로 형태의 경계가 무너지고 있었다. 어렵사리 인촌(人村) 생가에 도착하니 한옥의 대문은 굳게 닫혀 있었다. 우리는 안을 기웃대다가 막 돌아서는데 그 집을 지킨다는 분이 어디서 나타났는지 반갑게 환대를 하며 안내를 하겠다고 해서, 눈이 휘날리는 거부의 고택에 우루루 들어섰다.

큰댁이 살았다는 안채와 작은댁의 거처였던 사랑채는 중간에 대문을 사이에 두고 있다. 인촌선생은 후사가 없는 큰댁에 양자로 가서 안채에서 큰아버지와 함께 살았고, 사랑채에는 수당선생이 친부모와 함께 살았다고 한다. 그래서 안체와 사랑채의 마당에는 백부와 인촌선생의 동상과 친부와 동생인 수당선생의 동상이 각각 세워져 있다.

이곳에 와서 대가족이 살았던 삶의 흔적을 보니 새삼 세월이 많이 변했음을 실감할 수 있었다. 한 세기 전만 해도 한 울타리안에 서너 세대가 같이 살았기에, 작은 단위의 마을 같은 분위기였을 것 같다. 그러나 지금은 핵가족시대를 넘어서 독신의 시대로 치닫고 있어 대가족의 삶을 이해하기는 쉽지 않다. 또한 남존여비의 사상에 물들어 있던 우리의 가치관이 페미니즘으로 인하여 뒤바뀌고 있기에, 지난 세월의 삶을 짚어가기에는 너무 많은 변화가 있었다.

집지킴이 아저씨께 이 집안 내력을 들으며 '부자는 하늘이 내리지만 인품은 자신의 인격이 좌우한다'는 생각이 새삼 들었다. 인격이 재물을 넘어서기에 후세에 남는 것은 재산이 아닌 인품임을 다시 이곳에서 확인하게 되었다.

날은 점점 어두워지고, 벌판과 인가에는 반딧불처럼 흰 눈이 빛을 밝히고 있다. 짧은 시간 동안의 긴 여행. 어떤 이는 여행을 안경 닦는 일에 비유하기도 했지만, 시인 바쇼는 일생을 여행으로 보내면서, 인생의 참된 의미를 후학들에게 깨우치게 하였다. 바쇼의 발자취는 따라 가지 못하겠지만 그의 인생관은 마음속 깊이 새겨 두고 싶다.

차가 충청권에 진입하자 밤하늘에는 별이 총총하다. 눈이 온 흔적도 전혀 없다. 마치 타임머신을 타고 다른 공간 속으로 이동했다가 빠져나온 기분이 들었다. 이래서 여행은 매번 색다른 느낌을 주며 우리를 유혹하는가 보다.

천원의 가치

천원의 가치를 어떻게 평가할까? 예전 같으면 천원만 있으면 하루를 거뜬히 살기도 하고 연인과의 데이트 비용도 되곤 했지만, 화폐가치가 많이 달라지고 물가가 오른 지금에는 천원으로 살 수 있는 상품은 그리 많지 않다. 아이들의 과자 한 개도 제대로 사지 못할 정도의 액수인지라, 일상에서의 천원은 그저 대수롭지 않은 돈으로 여기고 있다.

그런데 지난 IMF때부터 천원이면 살 수 있는 '천원 shop'이 지하철역 상가나 변두리 길가에 하나 둘 등장하더니, 우후죽순처럼 여기저기에 간판을 내걸었다. 그러다가 경기가 조금 풀리면서 없어지는 듯하더니, 지난해부터 다시 불황의 늪에 빠지게 되자 서서히 고개를 들기 시작했다. 또한 갈수록 찾는 사람들의 발길이 잦아지니까 물건의 종류도 많아지고, 사가는 사람들도 예전보다 다양해졌다. 쓸모없다고 여긴 천원의 역할이 불황으로 인해 제법 제 구실을 하고 있는 것이다. 그렇지만 천원 shop에 있는 물건들은 모두 생활용품들이라 천원의 가치가 그리 소중하게 생각되지는 않는다. 필요하기는 해도 당장 없어도 살아갈 수 있는 용품들이기 때문이다. 그러나 지구상에는 천원이 삶을 이어가는 원동력이 되는 경우의 사람들도 있다. 그들은 천원짜리 물건을 팔기 위해 몸부림치듯 목청을 높이며 사람을 부르고 있다. 몇년 전 여름에 갔던 중국 천자산에는, 입산한 관광객들의 모습을 몰래 찍은 사진으로 열쇠고리로 만들어 파는 어린 장사꾼들이 있었다.(그곳 말고 다른 곳에도 있다) 그애들은 "천원이요! 얼굴 사진 이뻐요!" 하며 한국말로 그 열쇠고리를 사라고 소리치며 쫓아다녔다. 그러나 대부분의 사람들은 호기심에 흘깃거리기는 해도 거의 거들떠보지도 않았다. 나 역시도 그랬다. 내 사진을 찍은 아이가 계속 내 뒤를 졸졸 따라오며 사라고 졸랐지만, 나는 달아나다시피 했다. 사실 사려고 했지만 주위에서 빨리 가자고 이끌기에 모르는 척한 것이다.

그런데 우리 일행이 그 산을 나서서 다른 곳으로 이동하기 위해 버스를 타러 가는 길목에서 또 다른 광경을 보았다. 그곳에서는 검게 그을린 얼굴에 허름한 입성을 한 여인들이 일렬횡대로 쭉 앉은 채 작은 함지에 군밤과 과일 등을 담아 놓고 팔고 있었다. 그녀들은 피곤에 절은 모습으로 "천원이요, 천원이요!"하면서 지나가는 관광객들에게 그 먹을거리를 사라고 목청껏 소리를 질렀다.

먼지가 풀풀거리는 길가에서 그 군것질감을 사는 관광객은 아무도 없었으나, 그녀들은 쉬지 않고 사람들이 안 보일때까지도 악쓰며 '천원이요~천원이요'를 외쳐댔다. 마치 천원에 인생을 건 것 같은 애절함이 담긴 외침이었다. 지금도 자주 뒤를 돌아다보게 되는 것은, 그때 죽기 살기로 소리치던 그 여운이 아직 내 뇌리에 남아있기 때문이다.

비록 나라밖의 일이지만, 관광객 사진을 열쇠고리에 끼운 채 쫓아다니며 천원을 외치던 아이나 먹을거리를 팔던 허름한 그 아낙들에게 있어서의 천원은, 그들의 삶에 큰 힘이 되는 가치를 지녔음에 틀림없다. 돈의 가치기준이 나라와 개인의 사정에 따라 편차가 있음은 알고 있었지만, 이처럼 진정성이 느껴지기는 처음이 아닌가 싶다. 그것은 그들이 돈을 거저 얻으려는 것이 아니라 나름대로 힘껏 노력해서 벌려고 하는 성실성 때문일 것이다.

그래서인가, 나는 천자산에 다녀온 뒤로는 지갑에서 천원을 꺼낼 때마다 그 산에서 본 그들이 자주 눈앞에 아른거린다. 그리고 물건을 사기 전에 꼭 필요한 것인가를 다시 한 번 생각하게 된다. 무엇보다도 내 모습이 담긴 천원짜리 열쇠고리를 사지 않은 것이, 마치 먼 이국땅의 산골짜기에 나를 내버려두고 온 것만 같아서 자꾸 그곳이 그리워진다.

철사 여인

며칠 째 그 여인이 보이지 않는다. 나는 그녀를 딱 두 번 밖에 못 보았지만, 이즈음은 동네 어귀에 다다르면 그녀를 찾아 두리번거리며 집으로 가는 길목에서 서성거린다. 이때쯤은 어둠이 거리의 곳곳을 파고들어 자신의 영역을 넓히고 있을 때라 사물의 형체도 확연히 보이지 않는다. 그럼에도 내가 안면도 없는 낯선 그녀를 기다리는 것은, 그녀로부터 받은 충격이 너무나 컸기 때문이다.

나는 그녀를 처음 본 그 순간을 잊을 수가 없다. 그날따라 직장에서 바쁘게 하루를 보냈기에 눈을 반쯤 감고 피곤한 몸을 간신히 움직여 집으로 향하고 있었다. 동네 입구에 이르러 횡단보도에서 잠시 눈을 감고 있다가 '삑삑삑삑' 소리에 화들짝 놀라 눈을 떠보니, 신호등에서는 파란 불이 깜박이고 있었다. 그때 갑자기 건너편에서부터 기다란 무엇이 바쁜 걸음으로 다가와 휙 내 눈앞을 스쳐 지나는 듯했다. 그러더니 그 물체는 유유히 내게 등을 보이고 걸어가는 것이었다.

"저게 뭐지?"

나는 건너는 것도 잊고 그것을 바라보니, 분명 풀어헤친 긴 머리카락은 여인의 것이었는데 몸은 사람이라고 할 수 없을 정도로 앙상했다. 마치 그것은 철사를 여러 겹으로 뭉치거나 길게 늘여서 몸통과 다리를 만들어 놓은 것과 다름없었다.

순간 나는, 간밤에 자코메티의 조각 작품들을 책자에서 보다가 그대로 잠에 빠져 들었던 것을 기억하고 그것이 환상으로 보이는 것인가, 실제인가 하는 생각에 어리둥절했다. 그러자 내 머릿속은 나를 스치고 사라져간 그 여인의 모습으로 뒤엉켜버렸다. 뭐랄까? 아무래도 그녀는 자코메티의 '걷는 사람'이 작품 속에서 튀어 나와 옷을 입고 걸어간 듯 생각되었기 때문이었다. 그것은 공간이탈이 아닌가.

내가 그녀를 두 번째 만난 날도 늦은 저녁때라 사물의 분간이 쉽지는 않았지만, 첫날보다는 좀 더 확실히 볼 수 있었다. 그날도 역시 건너편에서 내 쪽을 향해 오고 있는 그녀를 보게 되었다. 나는 순간 건너려던 몸짓을 멈추고 그녀를 똑바로 쳐다보았다. 그러나 그녀는 다소 무례한 내 시선에는 아랑곳하지도 않고 아주 무심한 얼굴로 나를 스치며 등을 보이고 멀어져 갔다.

나는 눈을 부릅뜨고 마치 뢴트겐에 투영된 뼈의 골격을 살펴보듯이 그녀의 뒷모습을 지켜보았다. 보면 볼수록 팔과 다리의 가늘기가 자코메티의 조각품과 거의 다를 바 없다는 생각이 들었다. 다만 다른 것이 있다면 그녀의 머리가 크다는 것뿐이었다. 그래서인지 몸과의 조화를 이루지 못해 더 섬뜩한 느낌을 주었다.

무엇보다도 그녀는 그런 몸매임에도 불구하고 옷을 풍성하게 입지 않고 거의 몸매가 드러날 정도로 입었기에 전시장의 조각품이 앙상한 뼈를 움직이며 유령처럼 인간 세상에 나다니는 것만 같았다. 마치 족자 속에 그려져 있는 사람이 밤이면 인간세상으로 나와 돌아다니다가 새벽이면 다시 족자 속으로 들어간다는 이야기처럼 말이다.

길을 가다 보면 때때로 페르난도 보테르의 조각 작품처럼 옷이 터질듯이 빵빵하게 살이 쪄 걸을 때마다 근육이 흔들리는 사람을 보게 될 때가 있다. 그런 경우에는 그의 걷는 모습이 부자연스러워 안쓰럽기는 하지만 그다지 이상하지는 않다. 비만은 이미 우리의 눈에 익숙해져 있기 때문이다.

그와는 다르게 지나친 다이어트로 바람에 날려갈 것만 같은 여자들도 간혹 눈에 띄기도 하고 거식증으로 목숨을 잃는 여자들이 있다는 기사를 접하기도 했지만, 나를 놀라게 한 그녀와 같은 외형을 소유한 사람은 본 적도 들은 적도 없다. 아무리 죽을 만큼 다이어트를 한다하더라도 그녀처럼 될 수는 없기 때문이다. 그녀는 서 있는 것 자체가 불가능할 정도로 근육이 전혀 없고 그저 뼈만 있기 때문이다. 그러기에 나는 아무리 생각해도 그녀가 자코메티 작품 속의 인물인 듯했다.

전통적인 인체미학을 해체해버린 자코메티는 2차 세계대전을 겪은 후 전쟁의 상처로 신음하는 인간들을 보면서 인간의 가벼움에 절망했다. 그래서 그는 존재와 허무 사이에서 고뇌하는 인간의 모습을 극한에 이르도록 표현한 것이다. 다시 말하면 대상의 본질에 가까운 그림을 그리는 자코메티는 앙상한 인체조각으로 인간의 한없는 외로움과 나약함을 드러내는 것이다. 반면에 페르난도 보테로는 특유의 희화화된 인물을 무심한 표정과 단단하고 풍만한 양감으로 표현함으로써 사회의 부조리를 직설적으로 고발하는 것으로서 서로 다른 의미를 내포하고 있다.

아무튼 예술가들의 시선은 차치하고서라도, 그녀는 과연 어쩌다 그런 지경에까지 이르게 되었을까, 그녀도 미를 위해 자신의 육체를 혹사시킨 것일까.

나는 나와는 아무런 상관도 없는 그녀를 가끔 생각하며, 그 철사여인을 만나지 않을까하여 동네 어귀의 횡단보도 앞에 설 때마다 건너편을 유심히 바라보고 사방을 두리번거린다. 그것은 그녀의 안위가 궁금하기도 하고, 또 자코메티의 작품을 보는 것 같은 묘한 감정을 느끼고 싶기 때문이다. 그리고 무엇보다도 그녀는 육체적 미에 현혹되어 거식증에 빠진 어리석은 여인이 아니기를 간절히 바라고 있다.

오늘도 그녀를 만나고 싶다.

4 · 섬 속의 섬

남녘의 봄

봄바람은 남쪽에서부터 불어온다. 봄꽃도 봄의 전령사인 매화를 기점으로 산수유, 복숭아, 살구, 진달래꽃이 피면서 본격적으로 봄꽃잔치가 시작된다. 이때쯤이면 봄꽃들을 보러 남녘으로 떠나는 여행객들이 많아진다.

그중에서도 고운 자태로 구름처럼 피어 있는 순결한 백색 꽃잎을 가진 섬진강 마을의 매화와 산뜻하고 청초한 느낌을 주는 지리산 주변의 작은 노란 꽃송이 산수유는 봄을 기다리는 이들의 마음을 들뜨게 한다. 나는 신문에서 남녘의 꽃소식을 알리는 기사와 사진을 보고 마음이 동(動)하여 애면글면 하다가 처음으로 탐매여행을 나서게 되었다.

도시에서만 맴돌다가 낯선 곳으로 나서게 된 마음을 알기라도 하듯이 날씨가 흐리더니 갈 때부터 봄비가 부슬부슬 내린다. 초행길이라 내심 불안한 마음도 없지 않았으나, 하동으로 가는 버스에 몸을 싣고 고속도로에 나서니 마음은 벌써 남녘에 닿아 있는 듯했다. 차창 밖으로 보이는 들녘에는 비가 오는데도 봄기운이 완연하였고 개나리는 빗속에서 노오란 봉오리를 내밀고 봄의 은밀함을 즐기고 있다.

익산, 전주를 지나고 섬진강 물줄기가 보이는 곳에서부터 비는 더욱 많이 내리기 시작했다. 도로변 가에 있는 집 마당에서 활짝 꽃이 핀 매화와 복숭아꽃들이 비를 맞아 촉촉한 모습으로 낯선 여행객에게 미소 지으며 수줍어한다. 그들과 눈짓으로 조우하니 봄은 이미 마음속에 들어 와 따스하게 자리 잡는다.

섬진강가에 이르니 강을 둘러싸고 있는 백운산이 안개에 싸여 구름 속에 있는 듯이 보이고, 강가를 내려다보니 임자 없는 은어잡이 배 서너 척이 빗속에서 우두커니 서서 강물을 바라보고 있는데 어디선가 빗속을 뚫고 남도 창(唱)이 구성지게 들려오는 것 같다. 또한 그 가락에 맞추어 강변에 늘어져 바람따라 휘청거리고 있는 대나무들이 더욱 푸르르게 보인다.

이곳에 오니 '섬진강 시인'이라는 칭호로 더 알려져 있는 시인의 사랑시가 문득 떠올라 입속으로 우물거려본다. 스산한 한 겨울에도 결코 속삭임을 멈추지 않는 섬진강과 강바람, 그 주변을 이루고 있는 백운산, 보성사, 화엄사, 쌍계사, 지리산 등등… 또 무엇보다도 삭풍 속에서 먼저 봄을 맞이하기 위해 결코 움추러들지 않는 매화가 있기에, 자연을 배경으로 사랑을 노래하는 그의 시심은 쉽게 마르지 않으리라는 생각이 들었다.

하동에 내리자마자 여행 안내도에 있는 대로 빗속을 뚫고 광양에 있는 '청매실농원'으로 향했다. 매화마을로 알려진 광양면 초입에서부터 매화 향기가 코끝을 스치는 듯하고 산허리를 감싸듯 피어있는 매화나무가 빗속에서 선연하게 서 있는 모습이 인상 깊다.

농원입구에는 나무로 깎아 만든 장승들이 오색띠를 두르고 즐비하게 서서 방문객들을 맞이하며 느긋하게 웃음을 흘리고 서 있다. 질척거리는 땅을 딛고 조금 더 들어가니 배가 부른 커다란 옛날 항아리들이 일렬 횡. 종대로 서서 비를 맞고 있었다. 한 2천여 개나 된다는 항아리에는 모두 지난해에 딴 열매를 넣고 숙성시키는 중이라고 하니 그 규모가 대단했다.

비는 세차게 내렸지만 매화나무가 지천을 이루고 있는 산책길로 가 보았다. 백운산자락 아래 한 구릉지대가 온통 매화나무로 장관을 이루고 있는데, 운무에 싸인 산 아래 구름처럼 무리지어 있는 꽃들을 보니 내가 마치 하늘 위에 둥둥 떠 있는 기분이 들었다.

약 6만평쯤 된다는 농원의 매화나무는 보이는 것마다 거의 백매(白梅)이지만 간혹 홍매도 보였다. 이렇듯 매화나무가 많은 곳에도 홍매가 드물어서 귀한 것 같지만 옛 선비들은 홍매보다 백매를 더욱 격조 높은 것으로 여겼고, 그중에서도 꽃받침이 연한 녹색의 백매를 으뜸으로 쳤다. 그리고 백매에 비해 드문 홍매나 연분홍매는 열매를 맺지 않기에 대개 절에서 관상용으로 심었다.

매화는 네 가지 고귀한 품성 중 함부로 번성하지 않고 희소가치가 있으며, 줄기는 너무 비대하지 않고 날렵하며, 한꺼번에 활짝 피지 않고 반쯤 개화한 것이 헤프지 않다. 해서 매화는 절개를 상징하기에 시인묵객들은 자신의 아호에 매(梅)자 넣는 것을 즐겨했던 것 같다.

또 그들은 '매화는 일생을 추위 속에 살아도 향기를 팔지 않는다(梅一生寒不賣香)'는 글귀를 현판(懸板)에다 조각해서 걸거나, 액자로 만들어 걸어

놓고 시시때때로 마음을 다지고 한다. 그래서인지 매화가 지천인 곳에 있으니 마음이 올곧아 지는 것 같은 느낌이 들기도 했다.

비가 그치니 멀리서 가물거리던 산이 바짝 앞으로 다가서서 손짓하며 나그네를 부른다. 매화의 향기에서 채 깨어나기도 전에 광양면에서 구례에 있는 산동면으로 발걸음을 재촉해 달려가니, 상위마을은 온통 노란 물감을 풀어 놓은 듯 노란색으로 뒤덮였다.

“잘있거라, 산동아 너를 두고 내가 간다 / 산수유 꽃잎마다 서러운 정 맺어두고…”로 시작되는 ‘산동애가’는 산동의 열아홉 살 처녀가 여순반란 사건 때 끌려가면서 불렀다. 그 노래의 애절함을 간직하고 있는 산수유의 꽃잎은 아릿아릿한 소녀처럼 수줍고 가녀리다. 꽃잎은 길어야 고작 4~5밀리 정도로 톡 손톱으로 건드리면 스르르 흩어질 것 같아도 무리지어 일제히 노란 꽃송이로 피어 있는 것을 보니, 그 눈부시고 화사한 맛은 어느 화려한 꽃 못지않다.

해마다 10월에 빨간 열매를 수확한다는 산수유는 각종 성인병이나 부인병 등에 좋아서 한약 재료로 쓰이기에 이 마을 수입의 원천으로서 일명 ‘대학나무’라고도 한다니, 약재로서 그 가치가 만만치 않음을 시사한다.

섬진강을 끼고 있는 백운산의 매화마을에서 흰색으로 물들었던 마음이 지리산 자락의 산수유마을에서는 노오란 색으로 물들었다가 서울로 올라가면서 다시 파란 봄빛으로 물들어간다. 도시 속으로 파묻히면 또 다른 무채색으로 변할 것이다. 그러나 나는 훌쩍 다녀왔던 남녘의 봄을 쉽게 잊지는 못할 것이다. 시간이 흘러갈수록 추억은 새로워지기 때문이다.

미리 봄을 맞이하고 온 후에 다시 맞이하는 서울의 봄은, 왠지 흘러간 영화를 보는 것 같이 자못 색이 바랜듯하여 더욱 남도의 봄을 떠올리고 있다.

지옥의 문

로댕전에서

지옥의 문을 고통스럽게 열고 나타난 로댕의 전시장에 들어서니 고뇌에 찬 군상들의 모습이 시야에 들어온다. 뒤틀리고 휘어지고, 엎어지고, 포승에 묶이고, 매달린 채 처절한 고통과 번뇌를 지닌 모습을 보니 저절로 비명소리가 나온다. 기존의 관념을 깨고 조각에 생명의 숨결과 감정을 불어 넣어 인간의 탐욕 · 욕망 · 고통을 적나라하게 표현한 오귀스트 로댕의 작품은 관객의 상상을 초월한다.

제일 먼저 시선을 끄는 것은 「칼레의 시민」이었다. 칼레시로부터 기념물 제작을 의뢰받아 제작했다는 그 작품은 처형받기 직전에 처한 인간의 고통스러운 표정을 표현했는데, 마치 살아있는 사람의 틀을 떠서 만든 것 같아서 보는 괴로움이 뒤따랐다. 그는 이 작품에서 고통에 몸부림치는 인간의 모습을 보여준 것만으로도, 조각사에서 가장 뛰어난 조각가로 평가받음에 손색이 없을 것 같다.

로댕이 1880년부터 죽을 때까지 37년 동안이나 매달렸으나 끝내지 못한 「지옥의 문」은 장식미술관 입구 청동문을 위해 정부로부터 의뢰받은 것이나 그의 사후에 완성되었다.

로댕은 「지옥의 문」을 제작하기 위한 영감의 출처를 단테의 『신곡』 중 「지옥편」과 보들레르의 「악의 꽃」에서 얻었다. 단테는 죽은 베르길리우스를 따라 지옥으로 떠날 때 지옥의 문 꼭대기에 적혀 있는 글을 보고 두려움에 휩싸인다.

"나는 슬픔의 나라로 들어가는 문/ 나는 영겁의 고통으로 가는 문/ 나는 영원히 버림받은 자들에게로 가는 문… 여기 들어오는 너희는 온갖 희망을 버릴지어다."

그는 지옥 · 연옥 · 천국을 베르길리우스와 여행하면서 희랍의 최고 지성과 시성, 현학자, 철학자 등 수많은 사람들을 보며 그들의 고통스러운 모습에 전율한다. 그림자가 비치는 살아있는 사람으로서 그림자가 없는 죽은 자와 떠난 여행으로, 이미 깨달은 것은 더 깊이, 아직 깨닫지 못한 것은 새삼 알게 되는 길고도 힘든 여행이었다.

로댕은 단테의 지옥편에 나오는 많은 이야기 중 우골리노 백작과 프란체스카와 그녀의 시동생 바울의 에피소드만 다루었다. 나는 에로티즘이 녹아있는 바울과 프란체스카의 작품보다도 아주 극적인 형상 가운데 하나인 「추락하는 사람」에 자꾸 눈길이 머물렀다. 아이들 위에서 늑골이 다 드러난 야윈 몸으로 어설프게 엎드려 있는 '우골리노 백작'의 생생한 묘사가 너무 직설적이어서 이내 아득한 현기증이 일어나 시선을 거둘 수밖에 없었다.

이 이야기는 단테의 『신곡』 「지옥편」 중 제33곡에 나온다.

나는 아이들 모두가… 한 명씩 쓰러지는 것을 보았다… 시력을 잃은 나는 이 생명을 잃은 신체 위에서 몸을 굽히고 울었고, 그들이 죽자 이틀 동안 아이들의 이름만 외쳤으나 이내 고통보다는 배고픔에 지고 말았다…. 그 이빨은 개이빨처럼 날카롭게 뼈를 갉았다.

반역의 죄를 짓고 두 아들 및 손자 두 명과 기아의 탑에 갇힌 우골리노가 아이들의 죽음을 확인하고, 그들의 시신을 먹으며 마지막 생존자가 된 것이다. 그러나 그는 교회가 금기시한 이 행동 때문에 다시 지옥으로 보내져 고통을 받고 있다.

'아담과 이브의 끊임없는 고통의 재연'이라고 한 「지옥의 문」은 선과 악을 넘나들며 한 세상을 살아가는 우리의 인생을 프리즘에 비추어 굴절시킨 것과 같았다.

그의 작품이 즐비한 전시장을 돌다 보니 '생의 불안'을 노래한 화가 에르바르트 뭉크의 「절규」가 내내 눈앞에 어른댄다. 그 특유한 공포와 불안의 색채가 시종일관 나를 떠나려 하지 않는 것이다. 그것은 로댕이 속세의 삶에서 인간내면의 욕망과 탐욕, 그로 인한 고통을 조각으로 표현했다면, 뭉크는 시시각각으로 밀려드는 알지 못할 정신적 공황과 그를 지배하다시피 한 죽음과 사랑을 선과 색채의 변이로 표현했기 때문인 것 같다. 두 작가는 표현세계가 다르면서도 몇몇 작품은 거의 느낌이 유사하기에 그들에게서 공통된 정신적 세계를 발견할 수 있다.

뭉크는 '삶'에서 느끼게 되는 '생의 불안, 사랑, 죽음의 예감'을 표현했다면, 로댕은 '생의 결과'로서 죽은 영혼이 처하게 되는 사후의 세계를 보여줌으로써 삶을 재인식하게 하려는 의도가 아니었나 하는 생각이 든다. 뭉크는 생에서, 로댕은 죽음에서 인간의 가려진 모습을 자신의 예술세계에서 보여 주고 있는 것이다.

로댕이나 뭉크는 그 시대 표현주의의 선구자들로서 객관적인 형태대신 주관적인 내면의 감정을 작품 속에 표출한 강한 정신의 예술가들이다. 시대의 흐름보다는 한 발 앞서는 예술적 아집과 감각의 독창성은 그들이 죽어도 죽지 않음을 시사한다.

세기말의 불안을 읊은 보들레르의 「악의 꽃」은 보들레르 자신이 자평하기를 '이 혹독한 책 속에, 나는 내 온 심혼을, 내 온 애정을, 내 온 종교를, 내 온 증오를 집어넣었다'고 부르짖은 것처럼 인간의 권태와 우울, 악마적 탕아의 죽음 등을 다룸으로써 살아서도 지옥에 발 디디고 있는 듯한 착각 속에 있게 한다.

우리는 신의 존재를 어느 정도 받아들이는 것처럼 악마의 존재도 받아들이는 것에 익숙해져 있다. 이렇게 선과 악이 공존하는 인간임을 부정할 수 없는 것이다. 그러나 악이 있기에 선은 더 빛을 발하는 것처럼 로댕은, 그가 생각하고 있던 인간사의 비극을 「지옥의 문」을 통해 극적으로 표현으로써 은연중 우리에게 삶의 방향을 제시했던 것 같다.

로댕이 그가 느끼고 있던 인간조건의 비극을 「지옥의 문」을 통해 극화하고 그에게 이 작품은 속세 삶의 소우주를 나타낸 것이라고 말했듯이, 뛰어난 예술가는 그가 몸담고 있는 시대를 대변하고, 예견하고 인간내면에 존재하고 있는 작고 미세한 흔들림의 조각까지도 예리하게 끄집어낸다.

'예술가는 무엇인가 전달하지 않으면 안된다.'라고 한 칸딘스키의 말은 그래서 의미가 한층 두터워지고, 듣고 보고 보여지는 예술로서 인간의 지성과 감성이 일깨워지고 살갗 속에 면면이 숨어 있는 실핏줄까지 오소소 떨리게 하는 범상치 않은 예술가들의 작품을 보는 기쁨은 실로 대단하지 않을 수 없다.

로댕의 작품을 보면서 인류 태초의 비극은 '아담과 이브'의 생성과 만남이고, 그로 인한 선과 악, 그것은 언제나 끊이지 않는 갈등의 원천임을 새삼 생각하게 되었다. 그러나 그 속에 맞물리면서 살아가는 것이 우리의 생이니 어쩔 수 없이 그것은 필연적인 만남일 수밖에 없다.

현재의 삶 또한 천국이고 지옥이며 사후의 삶 또한 그러하거늘 어찌 천국과 지옥의 구분을 따질 것이고, 이승과 저승의 경계를 논할 것인가. 로댕도 생의 한가운데서 이 두 문의 경계를 넘나들었기에 이런 작품을 제작하였을 것이다.

현세의 우리와는 전혀 유리된 듯한 시선으로, 단지 작품으로만 감상을 하는 관람객들과 그 무심함을 모르는 채 고통으로 뒤범벅이 되어 있는 인간의 형상들을 뒤로하고 「지옥의 문」을 나서니, 천국이기도 하고 지옥이기도 한 세상이 펼쳐져 나를 잡아끈다.

섬 속의 섬

그늘진 사랑

까미유 끌로델과 로댕전에서

전시장 안에 걸려 있는 대형사진 속에서 까미유 끌로델의 강렬하면서도 우수어린 눈매가 처음부터 마음을 사로잡았다. 세상을 향해 울분을 토하는 광기어린 눈빛 같기도 하고, 순수한 영혼이 내재된 꾸밈없는 눈동자 같기도 했다. 그 눈빛을 의식하며 작품을 둘러보았다.

조각은 까미유 끌로델을 완벽하게 사로잡은 정열이었다. 어렸을 때부터 신들린 사람처럼 조형물을 만들었다는 그녀. 그의 조각 작품들은 관능적이고 섬세했으며, 정열적인 예술혼이 담겨 있어 가슴에 파문을 일으켰다. 그동안 보아 왔던 조각품들과는 전혀 달랐다. 손가락 마디마디, 몸의 굴곡까지 세밀하게 드러나 있는 그런 천부적인 표현력으로 작품은 살아 움직이는 듯 보였다.

'비상하는 신'은 서너 개의 가닥으로 갈라져 어깨와 팔을 감고 있는 머리카락의 표현이 소재가 청동이라는 것을 잊게 할 정도로 정교하게 표현되었다. 마치 섬세함을 필요로 하는 공예품과 같았다. 조금 늦게 제작된 '애원'도 마찬가지 기법이었으나, 양 손의 간격에 차이가 나고 느낌도 달랐다. '비상하는 신'은 로댕 부부와의 삼각관계를 나타냈다면, '애원'은 로댕과의 결별 후에 그녀에게 돌아오기를 바라는 모습으로 애절함을 읽을 수 있었다. 작품 한 점 한 점마다 까미유 끌로델의 마음이 그대로 배어 있는 것 같았다.

'소외된 사람'에서는 따뜻한 정감과 함께 가슴 뭉클함을, 최고의 대표작이라는 '왈츠'에서는 격정적인 사랑의 표현으로 인해 아름다움보다는 왠지 모를 두려움이 엄습했다. 어느 예술 비평가는 그 작품을 보고 '죽음보다 슬픈 사랑'이라며, 율동 뒤에 숨겨진 슬픔을 말했다.

까미유는 20세 때 운명적으로 로댕을 만났다. 로댕은 까미유의 삶에 여러 가지로 큰 영향을 끼쳤으나, 어이없게도 까미유는 그로 인해 삶이 완전히 망가졌다. 로댕의 제자로서 모델로서 연인으로서 그를 미치도록 사랑한 까미유 끌로델. 사랑이 깊으면 상처 또한 치유가 어려운 법. 로댕과의 열정적이고 파란 많은 관계가 15년간이나 지속되었으나 그로 인해 기구한 운명의 수레바퀴 속에서 빠져 나오지 못하게 되었다.

서로 사랑했으나 그녀는 로댕의 '영원한 정부'일 수밖에 없는 그늘진 사랑 속에서 시들어 갔다. 또한 독자적인 예술성을 인정해주지 않는 그 사회에서 고립되었다. 까미유는 로댕과의 결별 후 어떤 재정적인 도움도 받지 못하고, 사회의 냉대 속에 피해망상증세를 보였다. 그러기에 천재성마저도 다 표출해내지 못하고 저주받은 예술가로 30년이란 긴 세월 동안 정신병원에 감금된 채 죽게 되는 불행을 안게 된다.

거목의 그늘에 묻혀 빛도 제대로 보지 못하고, 그의 압력 때문에 성공도 하지 못한 채 비참하게 살다가 사라져 버린 까미유 끌로델과 그녀를 사랑하면서도 두려워하였던 당대의 가장 유명한 조각가 로댕.

'쪽물에서 파란 물감을 취하지만 물감이 더 파랗고, 얼음은 물로 이루어지지만 물보다 더 차다'라는 뜻의 '청출어람 청어람(靑出於藍 靑於藍)' 이는 제자가 스승보다 더 나음을 말함이니, 그 두사람의 관계를 빗대어 보게 된다. 스승을 능가하는 제자가 없다고는 하나 창작의 세계에서는 있을 수 있는 일이다. 천부적인 재능에다가 혼신의 힘을 다하는 노력이 있다면 가능한 일이다.

타고 난 예술적 안목으로 로댕의 조형방식을 자극했던 까미유는, 스승을 능가하는 천재성 때문에 고통 받을 수밖에 없는 불행에 빠진 것이다. 그녀는 분명 조각가였으나 사람들은 단지 로댕의 제자이며 천재성이 있는 여자로만 인식하고 있었다. 로댕은, 그가 까미유의 작품을 대신해 주었다고 사람들이 쑤군대는 것을 알고 있었지만 그녀를 외면하고 보호해 주지 않았다. 그것은 두려움 때문이었다.

까미유는 이런 로댕의 태도 때문에 더욱 사람들의 시선에서 비켜나게 되었다. 이 세상에서 가장 강한 사람은 자신을 이길 수 있는 사람이라고 하지만, 그것만큼 힘든 일은 없을 것이다. 자신을 다스리기보다는 배신의 상처가 큰 만큼이나 좌절감으로 자신을 파멸시킨다. 더구나 천성이 강렬한 사람들, 끓어오르는 영혼을 가진 사람들은 희망이 그들을 높이 약동시키는 만큼이나 절망은 그들을 깊은 나락의 구렁텅이로 빠트린다고 한다. 감정의 두 정점이 극과 극을 달리는 것이다.

너무나 많은 것을 타고 났기에 하나도 얻지 못하고 외롭고 고독하게 죽어간 까미유 끌로델. 그녀는 정신병원에서 절규하며 악몽 같은 긴 세월을 보내고 쓸쓸하게 삶을 마감했지만, 그녀의 생은 사후(死後)에 다시 시작되고 있다. 이제는 로댕의 그늘을 벗어나 독자적인 천재 조각가로서 작품을 인정받기 때문이다.

사랑했지만 운명적으로 숙적(宿敵)일 수밖에 없었던 그 두 사람. 전시장을 나올 때까지, 되살아난 그들의 망령이 '왈츠'의 선율에 맞춰 춤을 추는 것 같은 환각 속에 빠져 있었다.

장수의 가을

1. 강낭콩보다도 더 푸른

가을바람은 떠남을 부추긴다. 가슴속을 파고드는 한줄기 가을의 입김이 부수수 먼지를 털어내듯 정신을 일으키니 정체되어 있는 오감이 일제히 꿈틀댄다.

때맞추어 먼 길을 돌아서 뒤늦게 자신의 길로 들어선 달재에게, 살아있음의 환희를 전해 받고 싶은 마음이 금세 온몸의 피돌기를 바쁘게 움직이기 시작한다.

정체된 삶은 고여 있는 물과 같다. 시간이 갈수록 부패의 냄새만을 풍기는 물보다 흐르는 물이 되어야 하지 않겠는가. 쉬지 않고 변신을 시도하는 달재처럼.

나는 불현듯 달재가 갑자기 못 견디게 그리워져 떠나기로 했다. 그가 있는 곳으로.

몇 년 전부터 자신이 살고 있는 장수를 한 번 다녀가 보라는 그녀의 말을 떠올려 가을 여행을 무작정 나섰다. 거리의 포도에는 낙엽이 쌓여 휘날리고 나뭇가지들은 휘휘거리며 춤을 추었다.

나는 눈부신 햇살이 차창으로 내리꽂히는 가을 속으로 들어갔다. 드넓게 펼쳐진 들에는 누렇게 익은 벼들이 끝도 없이 이어져 있고, 단풍이 깃든 나무들도 햇빛을 받아 눈부시게 비추이는데, 어찌도 그리 쓸쓸함과 비애감이 풍경에서 묻어나는지 잠시 눈시울이 뜨거워졌다.

이리저리 몸을 흔드는 코스모스나 갈대, 억새가 바람따라 흔들리는 것을 보노라니 누구든 이 계절에는 이별만은 하지 말아야 되겠다는 생각이 저절로 든다. 지상의 모든 것이 혼자인 듯 여겨지는 이때에, 사람의 정마저 갈라져 버린다면 그 고독감을 어찌 견딜 수가 있을 것인가. 그러나 가을에 이별의 노래가 많은 것을 보면 이 계절에는 감정의 엇갈림이 유독 많은 것 같다. 고독이 고독을 부른다고나 할까. 그래서 인생은 모순의 연속이라고 하는 것이겠지.

가을의 정취에 취해 세상 밖으로 정신을 내놓다 보니 호남고속도로에 들어선 것도 몰랐다. 해는 설핏 기울어 가는데 '진안'이라는 표지판이 석양 속에서 클로즈업 되어 휙 달려든다. 금세 천천면을 지나 장수시내로 들어서니 거리에는 행사를 알리는 현수막이 저녁하늘 아래서 펄럭이며 나부낀다. 이틀 후에 장수군에서 '탄신 425주년 의암 주논개 제전'이 개최된다는 내용이었다.

내려간다는 소식에 정류장까지 마중 나온 달재는 정신이 없는 표정이었다. 그 행사에서 논개 역을 맡아 연습을 하다가 급히 달려나왔다고 했다. 그렇게 경황이 없는데도 멀리서 온 친구를 위해 자신의 일을 접어 두고 다음날까지 그 고장 여행가이드로 나서줄 것을 약속했다. 그의 낭군인 서선생도 「대한미국 잡지 발달사」의 행사 전시 주체자로서 바쁜 와중에도 마중을 나와서 기쁘게 해주었다.

이맘때쯤이면 각 도시별로 또는 고장별로 역사에 남아 있는 의인들이나 그 지방 전설을 재조명하는 향토문화 축제행사가 한창이다.

9월 중순에 열리는 서울의 '한성백제문화제'를 기점으로 해서 제주의 '억새꽃 축제'까지 향토색이 물씬 풍기는 축제에서부터 거리 미술제나 연극제까지 열려 가을을 맞이해서 마음까지 풍성하게 한다. 그러나 홍보가 잘 되어 많은 사람들이 함께 동참하는 경우도 있지만 대부분 지역 주민들의 행사로 조촐하게 끝나는 경우가 대부분이다.

이곳 장수에서는 여기서 태어난 주논개가 왜장 모곡촌육조(毛谷村六助)를 남강으로 유인해 함께 투신하여 순절한 논개의 민족혼을 기리는 제전은 장수시의 큰 행사 중의 하나이다.

거룩한 분노는/ 종교보다도 깊고/ 불붙은 정열은/ 사랑보다도 강하다/ 아, 강낭콩보다도 더 푸른/ 그 물결 위에/ 양귀비꽃보다도 더 붉은/ 그 마음 흘러라….

뜨거운 민족혼으로 개인의 영달보다는 나라를 위하여 자신의 목숨을 초개처럼 버릴 수 있는 용기를 가졌던 논개였다. 우리는 변영로가 쓴 시 「논개」에서 발음이 잘 안 되는 '아, 강낭콩보다도 더 푸른…'을 계속 읊조리며,

저녁노을로 물들어 가는 하늘을 이고 달재의 집으로 향했다.

2. 그 별빛의 밤

산으로 둘러쳐져 있는 한가하고 고즈넉한 시골풍경이 마음을 느긋하게 풀어준다. 굴뚝에서는 모락모락 연기가 피어오르는 집도 있었고, 어디선가 '음매' 하는 송아지 소리가 들녘에 곡선을 그리며 멀리까지 퍼진다. 가는 길이 걷기에는 멀었지만 노을을 등 뒤로 받으며 농촌의 향기를 맡으며 천천히 걸어갔다.

발걸음의 속도를 늦춘 만큼 그새 산야의 경계가 허물어지며 어둠이 차츰 다가선다. 멀리 보이던 산이 성큼 앞으로 다가선 듯 느껴진다.

고샅을 돌아가니 흙담조차도 없는 달재의 집은 밭 한가운데에 들어선 원두막처럼 수수, 팥, 콩, 호두, 고추, 상추, 호박, 옥수수 등으로 에워싸여 있었다. 꽃도 여러 종류가 색색으로 피었다가 시들어 가고 있었고 마당에는 통나무로 만들어진 탁자와 의자가 있어 분위기를 돋구었다.

자급사족을 하며 살고 있다는 말처럼 마당과 마루에는 먹을거리들이 즐비했다. 간혹 듣기는 했지만 달재가 이렇게 밭농사를 직접하며 살고 있으리라고는 생각하지 않았기에 자못 놀라웠다. 유기농법으로 재배했다는 채소를 주로 해서 차린 저녁 식탁은 정성이 듬뿍 담겼기에 마음까지 포만감으로 그득 찼다.

저녁 후 달재가 장수의 밤하늘을 보라며 섬돌 위로 내려선다. 주위에 인가도 없는데 밖은 훤해서 시들어가는 옥수수 잎이 바람에 꺾인 것도 보였다.

문득 하늘을 쳐다보니, '아!' 하는 탄성이 절로 나올 정도로 하늘에는 별이 무리를 지어 쏟아지고 있었다. 은하수를 본 기억조차 가물가물했기에 틈도 없이 하늘 가득히 수놓아진 별들을 보니, 내가 마치 우주 한가운데 있는 것 같은 느낌이 들었다.

사람이 죽으면 하늘에 올라가 별이 된다던데 그렇다면 죽은 영혼들은 모두 별이 되어 이 장수의 하늘에만 비추이는 것은 아닐까하는 생각도 들었다.

나는 고개를 뒤로 젖히고 아주 오랫동안 밤하늘의 별을 바라보며 외할아버지와 외할머니, 아버지, 사촌 두 오빠, 또 태어난 지 한 달 만에 죽은 쌍둥이 둘째 남동생의 별을 찾아보았다. 마음속으로 그들의 별을 가려내고, 나는 미리 내 별의 위치도 정해 두었다.

달재는 하늘을 향해 고개를 꺾고 있는 내게 오더니 슬며시 손을 잡고 어깨에 손을 얹는다. 별빛에 반사된 듯 아름다워진 그녀의 눈을 바라보니 정(情)이 은하수처럼 흐른다.

3. 마이산의 돌탑

시골의 아침은 밭에서 금세 뽑아온 야채처럼 싱싱했다. 멀리 보이는 들판이나 황량한 빈 논에도 태양이 비추어 한결 생기가 있어 보였고, 뜰 안의 풀잎에는 이슬이 또르르 굴러가며 새벽찬가를 부르는 소리가 들리는 것 같았다. 그 소박한 정경에 혼탁했던 마음이 맑아지니 세상이 아름답게 보인다.

우리는 장수시내로 나와 서선생이 소장하였던 것을 전시하고 있는 「잡지 발간 100년사」를 보았다. 이렇게 볼 수 있으리라고는 전혀 생각조차 못했던 고서(古書)들이었다. 과거와 현재가 공존하는 잡지들의 발달사를 한눈에 조망하게 되니 새삼 소장자인 그가 돋보였다. 책을 자신이상으로 사랑하며 오랜 세월 동안 눈에 띄지도 않는 일을 위해 애를 많이 써온 서선생은 잡지뿐만이 아니라, 고서의 소장자로서 걸어 다니는 박물관이며 진정한 애서자(愛書者)이었다.

모두들 전시장을 나와 행사를 준비하는 장소에 가서 달재가 춤 연습하는 장면을 지켜보다가 마이산으로 향했다.

마이산은 봄에는 돛대봉, 여름은 용각봉, 겨울은 용필봉, 가을은 마이봉이라 한다. 이 마이봉은 소백산과 노령산맥의 경계에 넓게 펼쳐져 있는 두 봉우리를 일컫는데 그 모양이 말의 귀와 같다고 해서 붙여진 이름이다.

관광차가 즐비한 곳을 지나 산 속으로 걸어 들어가 100여 개 쯤 되는 돌나무 계단을 힘겹게 올라가니 마이봉이 바로 눈앞에 서 있다. 주변은 관목 · 침엽수 · 활엽수 등이 자라고 있고 특이한 것은 산 전체가 커다란 바위로 되어 있기에 산이라기보다는 바위라고 하는 것이 더 나을 성싶었다.

전설에 의하면 마이산은 원래 부부신선이었다고 한다. 그들은 등천해야 할 시기에 부인 신선이 조금 더 자고 올라가자는 게으름에 하늘로 올라가지도 못하고 땅으로 떨어졌다. 화가 난 남편은 어린 아들까지 빼앗고 돌아앉아 수마이봉을 이루고, 아내는 미안한 마음에 고개를 떨구고 암마이봉이 되었다고 전해진다. 그래서 수마이봉 옆에 작은 봉우리가 있는 것은 아들산인 '나도 마이산'이라고 하는 '나도산'이라고 한다.

여자의 게으름으로 남은 생을 낯선 지상에서 살아야 하는 안타까움 때문에 산이 되기보다는 딱딱한 바위로 굳어버린 것은 아닌지. 깎아지른 듯한 산 표면이 냉혹한 남편 신선의 마음 같았다. 그러나 마이봉은 보는 사람마다 다른 형상으로 연상을 하기도 한다는데, 무엇보다도 애절한 사연이 깃든 전설의 형태로서 기억하는 것이 더 좋을 듯하다.

또 이곳에서 빼놓을 없는 곳은 80여 개의 돌탑이 있는 탑사이다. 마이봉에서 내려다보이는 곳에 자리 잡은 탑사는 마이산의 대표적인 명소이다.

90여 년 전 이갑룡(1860~1975) 처사가 신의 계시를 받고 마이산에 들어와 솔잎을 먹으며 30년에 걸쳐 쌓았다고 하는데, 원추형이나 혹은 외줄로 하늘을 향해 곧고 높게 쌓여진 돌탑을 보니 탄성이 저절로 나왔다.

중생의 구원을 비는 고행기로 삼아 돌탑 쌓기를 했다지만, 불력(佛力)이 아니고는 도저히 쌓기 어려울 뿐만 아니라 오랜 세월을 견디지도 못할 기이한 형상이었다. 우리는 탑사를 돌아보며 쌓여진 탑의 정묘함과 그 영원함에 놀라워 고개만 숙일 뿐이었다.

달재가 있기에, 그가 부르기에 마음먹은 여행이었지만 사람보다는 자연의 풍광들이 더 뇌리에 남는다. 그러나 사람사이의 정보다 더한 것이 있으랴. 어떤 순간이 오면 사라지더라도 따스함이 흐르는 인정은 가슴을 데우고 살아갈 이유를 충분히 만든다.

그들 부부와 뜨거운 악수를 나누고 돌아서면서도 아쉬움에 자꾸 고개를 뒤로하고 눈길을 마주쳤다. 사람과 자연의 아름다움이 오래도록 내 마음에서 떠나지 않을 것이다.

장수 그 마이봉에 담긴 세월의 흔적과 함께.

섬
속의 섬

오랜 그리움 끝에 이루어진 만남이었다. 그리 어려운 일도 아니건만 한 번 나서기가 어려워 차일피일 미루다가 마음속에 그리던 섬 속의 섬, 석모도를 향해 발길을 옮겼다. 그곳을 찾는 이들의 사연도 갖가지라지만 아름다운 섬이라고 말로만 듣던 곳이라 한 번 가보고 싶었다.

석모도는 강화도 외포리에서 손에 잡힐 듯이 가까운 거리에 있지만, 그곳에 가기 위해서는 강화의 외포나루에서 배를 타야만 했다. 흐린 날씨 탓으로 서너 사람만이 승선한 배는 천천히 물살을 가르며 앞으로 나아갔다.

물결이 흰 거품을 일으키며 뱃전에 부서질 때마다 배 뒤를 좇아 앞서거니 뒤서거니 하며 호위병들처럼 좇아오는 갈매기소리가 바닷바람 속으로 사라지곤 한다. 선착장까지 따라 오던 갈매기들은 배가 포구에 정박하자 힘차게 날갯짓을 하며 다시 바다를 향해 날아갔다.

그토록 그리워하던 곳에 도착하니 반기는 사람은 없어도 마음만은 한없이 설레었고, 낯선 곳이 주는 신선함으로 기분이 상쾌했다. 때론 익숙한 편안함보다는 낯선 신선함이 더욱 가슴을 파고 들 때가 있기에 가끔 느끼고 싶은 감정의 한 면이기도 하다.

낯선 객(客)을 환영이라도 하듯이 때맞추어 흰 눈송이들이 하늘하늘 춤을 추며 내리기 시작한다. 얼마 지나지 않아서 눈은 석모도를 다 덮을 듯이 여기저기에 수북이 쌓이며 멈추지를 않는다.

처음 발을 딛은 섬에 눈이 내려 쌓이는 걸 보니 예사롭지 않음에 기분이 들떠서 보이는 것마다 축복의 말을 해주고 싶다.

눈은 소리를 삼킨다더니 더욱 사방이 고요하고 간혹 들리는 갈매기의 끼룩대는 소리만이 섬을 가로지르며 들려온다. 섬을 한 번 돌아보려고 조심스레 발길을 옮기며 이곳저곳을 두리번거렸다. 보이는 주택마다 거의 담이 없었는데 초록, 빨강, 핑크의 색깔로 되어 있는 양철지붕이 눈과 어울려 동화 속의 풍경을 연상케 했다.

삼산면사무소를 지나 무작정 위로 가다 보니 '하리포구'라는 푯말이 보였다. '하리'라는 낱말이 주는 느낌이 가슴을 휘저어 그 곳으로 발길을 향했다. 가까이 갈수록 멀리 한 점으로만 보이는 섬들이 드문드문 눈에 띄었다.

강화도는 서른 세 개의 섬들이 주위에 펼쳐져 있다더니 이 석모도에서는 눈 내리는 날에도 희미하게 모습이 드러나는 것 같다. 하리포구는 더욱 적막했다. 주위에는 농가 한 채가 포구를 등지고 서 있고, 눈이 하얗게 덮인 승용차 한 대가 주인을 기다리고 있다.

때마침 썰물로 내장이 드러난 바닷가에는 어선 두 척이 배 바닥면을 드러낸 채 누워 있고, 오래된 낡은 보트가 여기저기에 나뒹굴고 있었다. 쉼없이 내리는 눈이 을씨년스러운 그것들의 모습을 덮어주고 겨울의 적막감을 감싸 안는다.

하늘을 보니 눈은 멈출 것 같지 않는데도 마음은 갈수록 편안해지고, 하늘과 산, 바다가 하나가 되어 서서히 그곳에 있는 모두가 우주 공간 속으로 함몰되어 가는 듯했다.

거리에 사람의 모습이 전혀 보이지 않다가 날이 저물어가니 학생들이 줄지어 나타났다. 그 생경함이라니… 유럽의 동화 「피리 부는 아저씨」에서 동네의 모든 아이들이 피리 부는 아저씨를 쫓아 어느 동굴에 갔다가 오랜 세월이 흐른 후에 다시 되쏟아져 나오는 듯한 느낌을 받았다. 고요하고 적막해서 전혀 일상의 일들이 일어날 것 같지 않았다가 아이들을 보니 그런 생각이 들고, 꿈에서 깨어난 듯 정신이 새로워졌다.

장그르니에는 「섬」에서 섬들을 생각하면 숨이 막히는 느낌이 든다고 했다. 그것은 섬에 가면 격리된다는 생각에서 '혼자뿐인' 한 인간과 섬을 말하고 있다. 나 역시 그렇게 생각했는데, 이곳 석모도에는 인가가 많고 관광지도 있어서 그런지 밖에서 보는 섬하고는 전혀 달랐다. 그래서 보지 않고 상상만 하거나 그냥 지나치는 섬에 대한 생각과 발 디디고 들여다 본 섬하고는 다름을 알게 되었다.

그것은 우리가 물체든 사람이든 보이는 한 쪽면만 보게 되고, 가리워진 다른 면은 상상으로 판단하기 때문이다. 더구나 이곳은 강화를 거쳐야올 수 있는 곳이라서 그런지 강화보다 더 아늑하게 느껴진다.

강화도가 우리나라 삼대도(三大島)의 하나이며 병인양요나 신미양요,

구한말의 일본침략 등 역사적 사건과 관련이 있어 빼놓을 수 없는 고적이 많아 유명하다면, 이곳 석모도는 관광지가 여러 곳 있어 사람들의 발길이 이어지고 있다.

평안을 구하는 사람들로 북적이는 보문사에는 4백여 개의 계단을 올라가야 볼 수 있는 눈썹바위와 그 바위에 새겨진 마애석불과 10여 개의 소금창고와 염전 등이 있다. 또 날씨 좋은 날 장구너머 포구, 보문사 눈썹바위 등에서 바라보는 낙조는 석모도가 주는 최고의 선물이다.

진홍빛의 저녁놀이 은은히 흐르는 해변과 선착장 그리고 노을에 취해 있는 사람이 모두 하나가 되어 무념무상의 경지에 이르는 순간이기도 하다.

내렸던 배에 다시 올라타 눈 내리는 바다를 보니 그때까지도 어느 것이 바다이고 어느 것이 하늘인지 구분없이, 사방이 바다이고 하늘이었다. 그 무중력의 공간 속으로 배는 바다를 가르듯 하늘을 나는 듯 갈매기를 벗 삼아 미끄러져 나가며 물보라를 일으킨다.

강화의 외포리 선착장이 가까워올수록 석모도는 말 못할 사랑과 그리운을 가슴 한켠에 묻어 두고 있는 사람처럼 애잔함을 풍기며 멀어져 가고, 끝없는 수평선에 한 점의 점으로만 남는다.

처음에 본 것처럼 그렇게.

말없음표를 찍으며

숱한 말을 안으로 곰삭인다. 많은 말을 하고 싶지만 해도 좋을지 그냥 침묵으로 일관하는 것이 좋을지 몰라서 까만 점만 똑똑 찍으며 입을 다문다. 어찌 보면 우유부단해서 결단성이 없는 것처럼 보이나 무자르듯 단숨에 딱 끊어버리는 마침표보다는 한결 인간적이다.

살다보면 단번에 끊어지지 않는 일들이 허다하다. 안에서는 부모 자식 간이나 부부 · 형제 · 친척, 나아가서는 인간관계가 다 그러하다. 아니, 사람 사이뿐만이 아니라 자신이 원하지 않더라도 말없이 순종해야만 되는 일들이 도처에 깔려 있다.

그럴 때에는 단 한 번에 단정 짓고 싶은 마음을 꾹 누르고 말없음표로 다음을 기약한다. 좀 더 많은 내적 사고(思考)를 위해서 뜸을 들인다. 말은, 입 밖에 내면 다시는 주워 담을 수 없기에 결론을 내리기 전에 생각을 정리해 보자는 것이다.

말없음표는 마침표와 서로 극단적인 사이면서도 어깨동무를 하고 살아간다. 그러기에 마침표를 찍을 때 자칫 방심하면 말없음표로 변환될 수도 있다. 그런 실수를 방지하기 위해 마침표를 찍을 때에는 손목에 힘을 주면 줄수록, 발음에 힘을 가하면 가할수록 제자리를 지킬 수 있다. 또한 말없음표는 손목에 힘을 빼면 뺄수록, 목소리에 기운이 없으면 없을수록 진가를 발휘한다. 더 극적으로 나타낼 수가 있기 때문이다.

어떤 일이 닥쳤을 때 더 이상 타협할 여지를 주지 않고 한마디로 결론을 내리면 똑똑하다고 하고, 머뭇대며 우물쭈물 말끝을 흐리면 멍청하다는 말로 사람을 매도해 버리는 경우가 있다. 감정의 쌍곡선이 그 사람을 재는 잣대가 되어 버리는 것이다. 하지만 정작으로 우물대거나 말없음표로 일관하는 사람들이 더 영악할 수도 있다는 것을 모르고 섣불리 단정 짓는 것은 성급한 결론이다. 말은 묵을수록 실수가 없기 때문이다.

나는 직장생활을 하던 젊은 시절에 내 직속상관으로부터 말끝이 분명하지 않다는 지적을 가끔 받았다. 아마도 여러 번 그에게 대답을 또렷이 하지 않고 말없음표의 태도를 보였기에 듣는 질책이었을 것이다. 워낙에 그때나 지금이나 눌변이어서 답답하기는 하였을 것이니, 주어진 업무는 누구보다도 정확하고 신속하게 한다고 자부하고 있던 터라 그 말을 들었던 때의 충격의 파장은 높고 길었다.

그 후로는 되도록 말없음표로 무언가 말할 듯 말 듯한 태도를 없애려고 노력했고, 어눌하기는 해도 마침표를 필요이상으로 찍어대는 매몰찬 성격으로 내 자신을 개조시켜 갔다. 이것도 저것도 아닌 듯한 말없음표를 내 인생사전에서 삭제하고 또렷하고 정확한 삶을 살 것을 다짐했다. 또 어떤 일이나 한 번 더 생각하기보다는, 순식간에 결정을 해 버리는 성급함을 보였다.

그러나 무슨 일이든지 부작용은 늘 따르게 마련인지라, 때때로 내 본위대로 아무런 타협도 없이 일방적으로 내놓는 결론에 상대방이 연루되는 일에는 상대가 아연해질 수밖에 없었다. 그런 일 뒤에는 후유증으로 늘 후회가 뒤따르기는 했어도, 더 이상 생각하는 것조차 뭉개버리고 말았다. 그것이 내 인생에서 큰 실수였음을 뒤늦게 깨달았지만 모두 운명으로 돌리고 마음을 다잡기에 애를 썼다. 어찌 생각하면 그만큼 포기가 빨랐던 것이다.

시대가 변할수록 사람들은 생각을 머리에 담아두지 않기에 말없음표는 차츰 사라지고, 한 점으로 모든 것을 마무리하는 마침표가 많이 쓰인다. 이것은 디지털시대와 아날로그 시대와의 차이점 중의 하나이며, 시대적인 변환으로서 이기성과 개인성이 차츰 만연해가는 풍조이기도 하다.

동양의 수줍어하는 어설픔이나 망설임이 자취를 감추고, 당당하고 꺼릴 것 없는 대담함이나 자신감이 넘치다 못해 터질 판이다. 이런 당돌함은 어릴 적부터 길러져서 이즈음은 상대가 어리다고 정신연령을 낮추어 보고 섣불리 대했다가는 가슴을 칠 일이 허다하다.

그것은 시대가 그렇게 변해 가고 있기에 부딪치면서 통과해 가야 할 부분이다. 쉼없이 흘러가는 물처럼, 시대 또한 변화의 과정을 겪으면서 발전해 나가기 때문이다.

말없음표는 말의 소중함을 포용한다. 이어질 듯 끊어지고 끊어질 듯 이어지며 말을 아끼고 소중히 여기는 말없음표는, 수줍은 새색시이기도 하고 가슴 설레는 첫사랑이기도 하다.

끊임없이 상대방을 향해 솟아오르는 사랑의 감정을 안으로 삭이면서 눈으로만 주고받는 마음, 입 밖으로 좋아한다는 말을 해 버리면 상대를 잃을지도 모른다는 두려움을 간직하고 있는 듯한 그 애달픈 몸사림의 말없음표. 그러나 첫사랑은 끝까지 이어지지 않고 떠남으로 서럽고 가슴이 아리듯이, 그 말없음의 실루엣은 오랫동안 가슴속에서 자리차지를 한다. 마치 쉽게 잊을 수 없는 첫사랑처럼.

나는 지금도 글 하단에 말없음표를 지금도 간혹 쓰고 있다. 일부러 그런 것은 아니지만 문장을 딱 끊어버리기에는 왠지 끝맺음이 딱딱하고 맛이 살아나는 것 같지 않아서 말없음표로 마무리를 하며 뒷말을 아낀다. 글에 대한 자신이 없는 것처럼 보이기는 하지만 그 함축적인 의미는 언제까지나 끊이지 않고 이어질 수 있다는 무한대와도 통한다. 단지 할 말이 없어서가 아니라, 할 말을 가슴에 간직하고 있다는 의미로서의 말없음표이다.

한때는 내 곁에서 영영 떠나보냈던 그 미궁의 부호를 갑갑해하면서도 다시 맞아들인 것은, 글에 따라 똑 떨어지는 마침표가 자칫 오만해 보일수도 있다는 생각에서다. 덧붙여, 아직도 매몰찬 끝맺음에 자신이 없기 때문인 것을 밝히면서 지금도 마음으로 말없음표를 찍는다.

내 속에
숨은
낯선 사람

나는 때때로 이방인 속의 뫼르소가 된다. 그는 이교도의 신처럼 내 마음 속에 들어 와 나를 휘저어 지배하고, 그의 일부로 만들어 버린다. 그럴 때마다 나는 지독한 이기주의자가 되고 허무주의자가 되어 나의 실체는 떠나버리고, 아무런 느낌도 감정도 없이 그저 아이러니 속에서 권태를 느낀다.

또한 삶과 죽음의 경계선에서 내 영혼은 쉼없이 넘나들며 어느 것이 참이고 어느 것이 거짓인지, 또 어느 것이 현실이고 어느 것이 꿈인지 모르게 혼돈 속에서 자신을 잃어버린다.

의식 속에서의 존재가치와 무의식 속에서의 존재가치는 확연히 다르다. 그것은 내가 있고 없음의 차이와도 같고, 삶과 죽음의 차이와도 같다. 내 안의 뫼르소는 늘 내가 한결같지 않음을 암시하면서 쉽게 모습을 드러내지 않는다. 다만 부조리의 의미 속에서 자신을 합리화 시키며 현실성만을 내세울 뿐이다.

이즈음 부쩍 늘어나는 사회현상 중의 하나로서 '내 속의 또 나른 나'가 부각되고 있다. 자신의 내면을 표면화시켜 내 속에서 나를 지배하고 있는 또 다른 나를 표출하고 있는 것이다. 당당하게 자신의 다중인격을 드러내는 세대들은 감춤보다는 드러냄으로 또 다른 자신을 정당화시킨다.

인간의 품성은 다각적이며 한마디로 정의될 수 없는 고차원적인 고등동물이기에, 자신 안에 또 다른 자신을 품고서 마치 지킬박사와 하이드처럼 양면성을 지니고 살아간다. 그러기에 누구에게는 천사적인 요소만 있고 또 누구에게는 악마적인 요소만 있는 것은 아니다.

이 선과 악은 때에 따라 정도의 차이가 있을 뿐, 누구나 내면에 품고서 살아간다. 단지 모습을 감추고 있을 뿐이다. 그러기에 그 양면성은 자신도 모르게 말과 행동을 통해 무의식적으로 드러날 때가 있어 스스로도 당혹감을 느끼게 된다.

보이는 나와 보여지는 나는 돌출된 겉과 내재된 안의 이중성이다. 보이는 나는 보통의 나이며, 보여지는 나는 내 속에 숨은 낯선 내가 고개를 쳐들고 보여주는 또 다른 나이다.

소시민이며 그저 평범한 이방인의 뫼르소는 양로원에서 날아 온 엄마의 죽음을 알리는 전보를 받고 양로원으로 향한다. 그는 못질 된 관 앞에서 엄마의 친구들과 밤을 지새우지만, 장례식이 끝나 돌아오자 실컷 잠을 잘 수 있다는 것을 생각하고 기뻐한다. 그 무엇보다도….

엄마의 사망 날짜도, 나이도 잘 기억하지 못했던 그는, 자기 어머니가 죽어 장례식을 치른 다음날 해수욕을 하고, 희극영화를 보러가서 시시덕거렸으며, 참을 수 없도록 뜨거운 태양 때문에 아랍인을 향해 방아쇠를 당긴다. 무려 네 발이나… 그 대가로 단두대에 서게 된 그는 '전에도 행복했고 지금도 행복하다'며 구경꾼들이 증오의 함성으로 자신을 맞아주기를 바란다.

부조리한 그의 의식이 내 사유를 어지럽힌다. 그러나 왠지 모를 비애가 가슴을 치며, 그와 내가 하나가 된 듯한 섬뜩함에 강한 전류가 전신을 관통한다. 그의 낯설음이 내 속에서 이화되어 하나가 된 듯하다.

사회가 복잡할수록 사람 사이의 정은 물론 부모형제, 심지어는 자신에게조차 무관심해져 간다. 이것은 까뮈가 시사한 뫼르소의 내면을 투사한 것만 아니라 현대인의 자화상이기도 하다.

미셸 투르니에는 우리가 살아가는 동안 누구나 삶의 여러 가지 상황에 대처할 때마다 매순간 백색이 될 것인가 또는 적색이 될 것인가를 결정한다고 말한다. 색의 선택에 따라 한 개인의 성향이 드러나며 그것은 그에 대한 평가의 기준이 된다. 선인이든 악인이든.

범인은 어느 색이든 한 가지만을 표출하며 살아가더라도 내면에 보유하고 있는 색은 두 가지, 백색과 적색인 것이다.

내 무의식 속에 있으면서 상황에 따라 나의 의식을 변화시키는, 내 속의 낯선 사람 뫼르소….

나는 때때로 그로 인해 내가 아닌 타자가 되어 본래의 나를 버릴 수도 있기에, 내가 무서워진다. 그러나 무의식적인 혼곤함에서 벗어나 깨어 있는 의식으로 살아간다면 모든 것은 그저 상념일 뿐이다.

빛을 잃은 화가

이인성 50주년 회고전을 보고

늦가을의 거리는 그 쓸쓸함만큼이나 바람 또한 스산하다. 앙상한 가지를 드러내 놓고 있는 가로수가 겨울의 문턱에 서 있음을 느끼게 한다.

나는 50주년이 된다는 '이인성 회고전'을 호암갤러리로 보러 가면서 덕수궁 앞을 지나게 되었다. 덕수궁 앞에는 두 줄로 늘어선 사람들의 행렬이 줄을 이었다. 한 줄은 덕수궁 출입입장권을 사는 줄이고, 또 한 줄은 미술관에서 전시중인 근대 서양 인상파 전의 입장권을 사려는 사람들이었는데 그 끝이 잘 보이지도 않았다. 입장료도 만만치 않은데 어린아이들까지 아우성을 치며 차례를 기다렸다.

호암아트홀 쪽으로 급하게 발길을 옮겼다. 늦게 나선 탓에 줄을 설 것이 걱정되었다. 그러나 그쪽은 출입구가 한산해서 전시회를 하지 않는 것 같아 확인해 보았더니 전시중이란다. 그 흔한 플래카드는 물론이고 별다른 홍보 없이 같은 지역에서 서양의 그 유명한 화가들과 거의 같은 날짜에 전시를 하는 것이 무리수였던 것이다. 포스터 한 장이 게시판에 댕그라니 붙어 있어 그 화가를 더욱 외롭게 하고 있다.

전시장입구에 들어서니 커다란 팔레트를 왼손에 잡고 있는 이인성 화가의 모습이 입장객을 반겨 준다. 관람자라야 십여 명이 될까 말까하여 전시장을 돌면서도 덕수궁의 인파의 물결이 눈앞에서 넘실거린다.

이인성은 너무 이른 나이에 타계한 이유로 잘 알려지지 않았지만, 그 세대에는 천재로 불리는 화가였다. 그는 초창기 근대화단에서 수채화가로서 탁월한 예술적 재능을 보이며 서구의 인상주의나 후기 인상주의를 나름대로 향토적인 서정주의로 전형을 이루었다는 업적이 있다. 그러나 운명은 그를 약관의 나이에 죽음으로 몰고 가 자기의 기량을 충분히 펴지 못하게 했다.

그는 근대 화단에 약관의 나이로 조선미술 전람회를 통해 나타나 1930년대 일제 강점기에는, '조선의 지도' '양화계의 거백(巨擘)'으로 불리며 명성을 떨쳤다.

한창 작품의 경지에 오르던 차에 그가 환쟁이라는 이유로 치안대원의 총에 맞이 그 천부적인 재능을 다 펼쳐 보지도 못하고 가버렸으니 어이없는 일이 아닐 수 없다. 김병종은 그의 화첩기행에서 '이인성의 최후는 이 땅에서 예술한다는 것의 자리매김이 어떠했는가를 떠올리게 하는 대목'이라고 했다.

그 당시 환쟁이라고 불렀던 미술가들. 직업에 귀천을 두고 예술가를 폄하하던 시대로부터 내려오던 어이없는 자리매김이다. 자신의 혼을 다 바쳐 창작을 하는 예술가들을 '쟁이'라는 이름하에 천대시한 사실은 부끄러운 일이 아닐 수 없다. 후기 인상주의 기법은 '조선의 향토색' 으로 수용 토착화시킨 이인성은 그 당시에 '조선의 로컬'이라고 불렸다.

마네와 모네, 드가, 로트렉은 알아도 이인성을 모르는 우리들. 그는 유학을 다녀왔고 도시인이면서도 토착에 탐닉해서 황토미를 잘 살려낸 천재적 화가였다. 그는 조선미전에 연속으로 6회나 특선을 해서 추천작가에 올랐지만 비슷한 연배의 이중섭이나 박수근 등이 국민적 화가로 부상했을 때도 그는 다양한 작품 경향 때문인지 부정적인 평가를 받고 세상에서 잊혀져 갔다.

그에게 한국의 '세잔느'와 '고갱'이라는 닉네임이 붙어 다니는 것처럼 이인성은 그들을 닮은 느낌을 주지만, 사물을 포착하는 능력이나 풀어내는 면에서는 그 대가들 못지않다.

특히 「경주의 산곡」「가을 어느 날」「해당화」 등은 고갱보다 강렬한 터치는 덜 하더라도 그 절묘한 선의 섬세함과 색감의 조화는 고갱을 능가하는 수준이다. 고갱의 그림에서는 강렬한 터치와 원색적인 색감으로 어떤 단순한 느낌만을 받는다면, 이인성의 그림에서는 선에 대한 섬세함과 명암의 대비, 구도적인 시선에서 동양인 특유의 숨겨진 이야기를 상상하게 되고 그 그림 속에서 한 편의 드라마를 떠올릴 수 있다.

찬사와 비난을 한꺼번에 받았다는 「경주의 산곡」을 보면 섬찍함을 넘어서서 비애감까지 몰려온다. 그는 그렇게 헐벗은 아이들과 산하를 통해 그 당시의 우리의 비참했던 민족 상황을 표현했다. 전면을 흐르고 있는 황토색은 조선 특유의 정서를 형상화시킨 것이기에 더욱 함축적인 표현미에 감탄하게 된다. 특히 이 그림은 고갱의 「타이티의 여인」과 비교되기도 한다고 한다.

예술의 천재는 그 실험성과 독특함, 자유분방 때문에 당대에는 질시를 받아도 시대를 뛰어 넘으면 그 작품성으로 세인들의 지지를 받는다. 그러나 그런 행운이 이인성만은 비껴갔다.

우리는 세잔의 「생 빅트와르산」은 알아도 이인성의 「경주의 산곡」은 알지 못한다. 고갱의 「타이티 여인」의 그 원시적 생명력은 예찬하지만, 「가을의 어느 날」의 황망한 들판에 반라(半裸)로 서 있는 조선여인에게는 너무 무심하다.

실로 그랬다. 김병종의 언급처럼 우리의 것보다, 또 우리의 예술과 예술가보다는 서양의 작가와 작품에 더 길들여진 것이 현실이다. 오르세 미술관에 전시된 인상파 화가들의 작품을 보면서 예술가들을 극진히 대우하는 그 나라들의 작가들이 한없이 부러울 뿐이다.

그
여름날의
추억

막바지 기승을 부리던 폭염이 자취를 감추었다. 옷 속 깊숙이 파고들던 바람을 시작으로 가을이 고개를 내밀고 여름 끝에 발을 디디고 섰다.

오래 머물 것 같아도 의외로 서둘러 자리를 비우고 마는 것이 세상사의 이치처럼, 계절 또한 그러하다. 도저히 끝날 것 같지 않던 뜨겁던 여름이, 절기에 맞추어 하루아침에 급변하게 되니 당혹감을 느끼게 된다.

사람 또한 그러하다. 만남이 이루어져 온갖 찬사의 말로 상대방을 칭송하며 그런 관계가 영원할 것처럼 생각하나, 그럴수록 헤어짐의 시간은 빠르게 다가선다. 이토록 모순은 이어지며, 우리는 그 굴레 속에서 시간을 흘려버린다.

오늘은 가을을 재촉하는 비가 내리며 벼랑 끝에 선 여름을 몰아내고 있다. 가을의 입김을 느끼게 되니 떠나는 모든 것들이 아쉬워 가는 여름을 붙잡고 싶다. 떠남은 늘 우리에게 가슴 저리는 고통과 그동안 지내 온 삶에 대해 후회를 하게 한다. 그것은 재충전을 위해 필요하기는 하지만, 그 서늘함으로 세상 사는 일이 쉽지 않음을 알게 된다.

시간이 갈수록 가을을 재촉하는 빗발은 굵어져 날씨와 함께 마음조차 스산해진다. 보낸다는 것은 가슴 아픈 일이지만, 그래야만 된다는 사실 앞에 두 손을 놓을 수밖에 없는 이 허전함. 그 막막함에 빗물보다도 마음이 더 젖는다. '여름이 지나가는 것은 친구와 헤어지는 느낌을 준다'는 말처럼 발걸음이 떨어지지 않는 것을 애써 옮기며, 뒤돌아보고 또 돌아보는 아쉬움의 이별은 다시 만날 것을 알면서도 미련이 남는다.

봄에서 여름으로 계절이 바뀔 때는 전이(轉移)되는 현상을 쉽게 감지하지 못한다. 그러나 여름에서 가을로 될 때에는 자연의 변화가 눈에 보인다. 해서, 오는 듯 가는 것이 봄이라면, '나는 간다'고 큰 목소리를 내며 여름은 미련을 두지 않고 하루아침에 떠난다. 다혈질의 성격을 가진 사람처럼 뒤도 돌아다보지 않는다. 애써 자신을 감추려고 하지 않는 것이 그런 사람의 매력이다.

여름의 끝자락에서 가을의 첫 모습을 볼 때면 나는 늘 '태양의 화가' 반 고흐를 떠올린다. 그는 이글이글 타오르는 열정으로 작품 활동을 했으나, 그의 삶은 늘 늦가을이거나 눈보라치는 겨울이었다. 운명은 가혹했으나 사후의 영광은 계속되고 있는 반 고흐. 각각 모습이 다른 그의 자화상 속 눈빛을 보면, 어떤 그림은 의혹으로 가득 차보이기도 하고, 고독에 찌든 모습으로 보이기도 하며. 또 분노를 참지 못하는 광인의 눈빛으로 비치기도 한다. 귀에 붕대를 감고 있는 자화상에서는 공포와 고통과 체념의 모습이 나

섬 속의 섬

타난다. 그런 자화상에서 그는 인간을 좇았고 몰아 부쳤지만 자신을 버리는 순간 자신을 되찾았다.

목사가 되기 위해 희랍어와 라틴어를 공부하며 어려운 공부에 좌절하지 않았던 고흐. 그러나 어떤 권위에 대해서 복종을 해야 한다는 의미도 모르고 자존심을 내세우고 순응력이 부족했던 그는 결국 화가로서의 길을 걷게 되었다. 격정적이면서도 기이(奇異)한 성품을 소유한 그의 삶은 뜨거운 여름처럼 열정적이었고, 가을의 모습처럼 감동적이었으며 또한 한겨울처럼 비극적이었다.

대부분 요절한 천재 예술가들의 삶은 폭발적이고 정열적이며 기복(起伏)이 심하다. 그러다가 그들은 자신의 삶을 주체하지 못하고 절망하다가 자살을 하고 만다. 불타던 여름을 마감하고 몸을 던져 버리고 마는 것이다.

그들이 죽는 것은 삶 때문이라기보다는 자신의 이성과 천재성을 제대로 표현할 수 없는 한계성 때문에 스스로 세상을 떠나 버리고 마는 것이다.

자신을 버림으로써 자신을 다시 찾게 된다는 모순, 어차피 산다는 것은 이 모순 속을 배회하는 것이 아닌가. 범인(凡人)으로서는 결행하기 어려운 일이다.

비는 그치지 않고 바람까지 동반한다. 떠나는 사람의 등을 바라보는 것처럼 가슴 아픈 일은 없다. 뒷모습을 보이지 않고 떠날 수 있는 그런 마음으로 여름의 끝자락에서 뜨거웠던 나날들과 작별을 한다.

"이윽고 우리들 차디찬 어둠 속에 침묵하리니. 그러면 잘가거라. 짧았던 우리 여름날의 뜨거운 햇볕이여."(보들레르)

영혼에
뜨는
별 하나

1. 수연산방

예술가들은 그 시대의 삶과 사상을 표현하기에 그들의 작품은 역사의 산 증거물이 되기도 한다. 혹시 소설처럼 허구의 상상력이 동원되어 시대를 앞서 간다거나 과거로 되돌아가 그 시대 상황을 정확히 표현하지 않더라도, 과거나 미래는 현재가 바탕이 되어 존재하기에 그 흐름을 파악할 수가 있다. 그러기에 국가에서는 문화정책의 일환으로 그들이 거처했던 곳이나 작품들을 보호하고 또 보존해야만 한다.

예술가들이 작품의 구상을 위해 자주 산책했던 길이나 카페의 자리까지 보존하는 나라가 있는가 하면, 우리처럼 개발이라는 명목 아래 후손들에게서 그 땅을 사들여 유락시설 단지로 변모시켜 버리는 경우도 허다하니 유감스러운 일이 아닐 수 없다. 미미하지만 그나마 명맥을 유지하고 있는 경우도 몇몇 있기는 하다.

얼마 전, 나는 문우와 함께 성북동에 위치한 상허 이태준(1904~?)의 고택을 찾게 되었다. 이 전통한옥은 서울시 문화재 11호로 지정된 곳이라 했지만 찾기가 쉽지 않아 한참을 헤매다가 막 돌아가려던 참에 고택 앞에 있는 작은 표지판을 발견하였다. 그제서야 한옥 집 대문 앞에 '수연산방(壽硯山房)'이라고 씌여진 현판을 볼 수 있었다.

새로 지은 집들 속에 파묻혀 있어서 잘 띄지 않았던 이 고택 옆에는 빌라가 있고 좌우로는 양옥집들이 즐비했으며, 상허의 고택만이 옛 그대로 기와집이었다. 오랫동안 외종손녀가 지키고 있었다는 그 집은, 지난해 여름부터 전통찻집으로 문을 열면서 일반에게 공개하고 있다.

고즈넉한 집밖의 둘레를 둘러보고 마당 뜰 안으로 들어서니, 담 밑에는 장독대가 놓여 있고 오래 묵은 꽃나무 서너 그루가 아직은 앙상한 가지를 가늘게 떨며 안채를 바라보고 있다. 마당 왼편으로 돌아가니 진흙을 발라 만들어 놓은 아궁이에, 크고 작은 검은 가마솥 세 개가 윤기를 자르르 흘리며 걸려있다. 그 곁에 사랑채로 보이는 방에서 손님들이 차를 마시고 있는 네, 마치 여느 가정집에 손님이 찾아와 서로 정담을 나누듯 정겨워 보였다.

기역자로 된 이 남향집은 상허 문학의 산실이라고도 할 수 있을 정도로 그의 대표작들이 이곳에서 씌여졌다고 전해진다. 상허가 서른의 나이인 1933년에 지어 이제 70여 년이 다 되었음에도 제 모습을 간직하고 보존되어 있는 것을 보니, 후손이 상허 선생을 기리듯 관리를 잘 해 왔음을 느낄 수 있다.

상허 선생이 그 당시에 구식목수가 지어 날림기가 적어서 좋아했다던 이 한옥은 오랜 세월을 지내는 동안 색이 변하고 손때가 묻어서인지 바깥

마루가 반들거렸다.

대청마루가 있는 안으로 들어가니 마루에는 탁자가 놓여 있고 양옆으로 두서너 개의 방이 있었다. 안방에는 이미 손님들이 있어서 우리는 왼쪽에 있는 건넌방으로 들어섰다. 이 방이 집필실이었던지 한쪽 구석에 문방사우가 정갈하게 놓여져 있다.

옛 한옥이라 방은 크지 않았지만 창호지를 바른 격자무늬 문살이 비추이는 미닫이와 여닫이 방문이 방 한쪽 구석에 있는 석유등잔과 어우러져 고풍스러운 분위기를 자아낸다.

우리는 주인이 외출한 빈방에 들어 온 듯해서 선뜻 앉지 못하고 서성이다가, 차 주문을 하라기에 그제서야 앉아서 방안의 구석구석을 눈여겨보았다. 간혹 관광지에서 작고한 예인(藝人)의 고택을 둘러볼 때마다 느껴지는 썰렁함보다는 포근함이 마음을 편안하게 감싼다.

문우와 나는 은은한 솔향이 풍기는 솔잎차를 마시면서 상허 선생의 작품에 대한 이야기를 하고 있는데, 마루에서 난데없이 대중가요가 방안으로 스며든다. 손님들을 위해서 들려주는 그 노래들은 전혀 이 고택과 어울리지 않아서인지, 방향을 잡지 못해 이리저리 겉돌다 열린 문틈으로 일제히 빠져나간다. 잔잔하게 가야금이나 거문고 소리가 들린다면 제격일 텐데 하는 아쉬움이 고개를 쳐든다. 시대가 바뀌어도 걸맞는 것은 쉽게 변하지 않기 때문이다.

상허가 이 집에서 살았던 때는, 그의 인생에서 가장 안정된 시기였으며 가족들과도 단란하게 지냈던 때였다. 이 수연산방에서 찍은 가족사진은 상허 가족의 대명사가 되기도 한다. 고만고만한 아이 넷은 화단에 세우고, 막내는 안고서 찍은 사진 속의 이태준은 마냥 행복해 보인다.

월북한 상허는, 1988년이 되어서야 뒤늦게 해금이 되고 알려졌기에 그에 관한 책들도 나중에야 빛을 보게 되었다. 그는 「시대일보」에 「오몽녀(五夢女)」를 발표하면서 1920년대 후반부터 작품활동을 시작했고, 또한 일제 말기에 이르기까지 많은 소설작품을 발표했으며 탁월한 미문가(美文家)로서 주로 예술적 정취가 물씬 풍기는 단편에 능하였다. 그러나 허무와 서정의 소설 작품을 쓰면서도, 내면의 깊이와 기품이 드러나는 수필집 「무서록」과 문장작법의 영원한 고전인 「문장강화」를 남기기도 했다.

고완품을 좋아하는 상허는 '옛 물건이 옛 물건다운 것은 그 옛사람과 함께 생활한 자취를 지녔음에 그 덕윤(德潤)이 있는 것'이라며, 옛날 접시 하나를 두고 며칠을 즐기기도 하였다.

그는 이 고택처럼 구식목수가 지은 날림기 없는 집을 원하고, 오래된 것과 고독과 고요를 사랑했다. 상스럽거나 소란스럽지 않은 기품 있는 생활을 하고자 했던 그의 성품은 작품 곳곳에서 묻어난다.

살아생전에 그가 그토록 사랑했던 이 고택이 아직 옛 그대로 남아 있기는 하지만, 다소는 소란스러운 찻집으로 보존되고 있어 그의 마음을 훼손하는 것 같아서 씁쓸하기도 하다. 그러나 이런 계기로 많은 사람들에게 소개되어 더욱 이태준 선생을 기리게 된다면 뜻있는 일이 되기에, 차라리 그냥 방치하고 버려두는 문화재보다는 나을 성싶기도 하다.

2. 불우한 삶, 불우한 가족

이태준은 1946년에 월북하면서 북한문단에서 극진한 대접을 받았다고 한다. '조선의 모파상'이라고 극찬을 받기도 했고, 조선문학가동맹 부위원장을 지내기도 했다. 그가 종전(終戰) 이후 북한 문단의 뒤안길로 자취를 감추었기에 사망한 것으로 알려졌지만, 그 이후 삶이 그 가족의 일기로서 얼마 전에 알려졌다. 그것은 북한에서 시인으로 활동하다가 탈북해서 한국에 온 어느 여류시인에 의해서였다. 동료작가에게 선물로 받았다는 그 가족의 일기는 두 권이라고 알려진다.

두 번째 책 첫머리에 씌여졌다는 다음 글귀는, 일기를 쓴 상허의 막내딸과 맏딸의 절박한 심정이 담겨있어 가슴이 저려온다.

진실하다면 가장 진실한 사람에게, 강하다면 가장 의지 강한 사람에게, 선량하다면 이 세상 가장 선량한 사람에게 이 글을 보여드리고 싶다.

이 일기 안에는 '수연산방'에서 찍은 가족사진을 포함해서 빛바랜 사진 열여섯 장이 들어 있어, 보는 이로 하여금 역사의 뒤편으로 사라진 한 많은 가족의 통곡사가 들려오는 듯했을 것이다.

대저, 격동기에 살았던 예술가들은 신산(辛酸)한 삶을 살았다. 그들은 범인들보다 앞선 생각을 했기에 행여 우(愚)를 범하게 되면 쉽사리 그 잘못이 용인될 수도 없었고, 그의 인격과 작품마저도 폄하되었다. 예술은 자유를 구가하기에 이데올로기를 넘나들어도 제지할 명분은 없지만, 그들의 행동과 말은 치명적이 되어 작품이나 업적은 난도질을 당하게 된다.

역사는 흘러가기에 시간이 흐르면 의식 또한 변하기 마련이지만 그것은 다만 표면적일 뿐이며, 작품성보다 사상성의 논란이 그들을 재는 잣대가 된다.

그가 무엇 때문에 가족을 데리고 월북했는지는 모르지만, 그의 가족들은 그곳에서 뿔뿔이 흩어진 채 살면서 고난의 세월을 보냈다. 종전 이후 그는, 남로당 소련파의 몰락과 함께 북한문단의 뒤안길로 사라진다. 56년에 숙청되어 해주에서 황해도일보사 인쇄공으로 배치되어 일했고, 64년부터는 비밀작가로 활동하다가 67년에 다시 평양으로 복귀했지만 1974년에 강원도 탄광촌으로 재추방되었다가, 뇌혈전으로 쓰러진 부인이 타계한 후 어디론가 자취를 감추어 그의 삶은 더 이상 찾을 수가 없다.

일기에 의하면 그 가족이 겪은 불행은 이루 말할 수가 없다. 그 자신은 물론이고, '호미든 아버지가 아니라 붓을 든 아버지'를 원망할 정도로 자식들마저 고초를 겪으며 일생을 힘겹게 살았다. 김일성 종합대에 다녔던 상허의 장남 유백과 차남 유진도 아버지의 피를 이어받아 문재가 뛰어났는데, 그것이 이유가 되어 유백은 근무하던 직장에서 지방대학으로 밀려나서 숙청당하고, 유진 또한 형과 같은 운명에 휩싸인다.

막내딸 소현은 상하수도사업소 노동자로 배속되어 일했다. 이태준이 평양으로 다시 올라왔을 때 김일성대학을 졸업시켰지만, 그의 재추방으로 강제 이혼까지 당하고 산골마을인 임산사업소로 쫓겨난다. 그녀는 그곳에서 건설지원 돌격대원으로 살았다.

맏딸 소명도 아버지 때문에 강제 이혼당하고, 둘째 소남 역시 이혼당하고 힘겹게 살았다. 소현과 소명 두 자매는 그의 아버지가 '번호가 맞지 않는 수재였다'며 안타까워하기는 하였으나 원망하지는 않았던 것으로 보아, 아버지를 위하는 마음이 극진했던 것 같다.

일생을 걸어야 하는 문학, 그 문학 때문에 그는 물론이고 가족까지 수난을 겪고 살아야 했지만 어디서든 한시도 손을 놓지 않고 글을 썼다. 그것은 그의 운명이었으며, 그 운명에 동참한 부인의 배려가 있었기에 가능한 일이었다. 그토록 그를 쫓아다니며 뒷바라지하던 그녀였지만, 말년에 뇌혈전을 일으켜 남편의 눈물어린 간병 속에 3년을 병치레를 하다가 숨을 거두었다.

황해도 대지주의 딸로서 부유하게 살다가 문학청년인 이태준에게 반해서 집을 뛰쳐나온 그녀는, 세상을 하직하기 전에 딸 소명에게 받아 적게 하여 한 편의 시를 남긴다. 상허에게 향했던 사랑을 정리한 불후의 명작이었다.

불나비

나는 불나비
불빛을 보고 날아 든 불나비
그 불빛 아름다워 내 넋은 취했네
그 불빛 뜨거워 내 심장 달았네
불길이여, 타오르라 더 활활 타오르라
나는 이 몸 이 마음 다 바쳐
너의 불길 더 높이 솟구치게 하리라.

그녀의 사랑이 있었기에 상허는 그 모진 세월을 견디어낼 수 있었다. 그는 그녀에게, 그녀 또한 그의 영혼에 뜨는 별이었다. 그러나 그녀가 갔기에 그는 자취를 감추었다. 불나비가 불 속으로 사위어간 것처럼 사랑과 함께 그도 사위어 갔다. 사랑하는 자식들을 뒤로한 채.

그러나 상허는 그가 일생을 걸었던 그의 작품들 속에, 또 아직도 그의 체취가 집안 구석에 배어 있는 아끼던 그의 고택에 살아 있다. 빛바랜 사진에서처럼 미소를 띠고 그의 가족과 함께 살며, 우리에게 맑고 그윽한 향기를 전하고 있다. 순수문학과 삶의 향기를. 죽어도 영원히 산 것처럼.

무명(無明)을 깨치고

아까시 내음이 지천에 가득하다. 봄꽃을 서둘러 보낸 녹음이 아까시 흰 꽃에 가려 있어 천지에 이 꽃만 있는 것 같다. 콧속을 파고드는 이 강한 향내를 맡으며 부처님이 오늘 오셨다. 무명(無明)을 깨치는 진리의 등불을 들고 이 사바세계에 오신 것이다. 그러나 부처는 왕자의 귀한 몸으로 왔지만 집도 절도 가진 것 없이 무소유로 중생을 구제하기 위해 고행을 마다 않으신 분이다.

나는 불자는 아니지만 부처님 탄생한 날을 기리는 행사를 보려고 집과 가까운 우이동의 도선사로 향했다. 거리에는 불밝힌 연등이 곳곳에 걸려 있었고 도선사로 올라가는 길에는 많은 사람들로 발디딜틈이 없었다. 그 와중에도 절 입구에는 상인들이 먹을거리 좌판을 늘어놓아 걷기가 힘들 뿐 아니라, 진동하는 음식냄새에 여기가 산 속인지 시장통인지 분간을 할 수 없었다.

좋은 날에 음식이 따르는 것은 우리네의 풍속이지만 모처럼 마음을 가다듬고 경건한 분위기 속에 빠져 보려는 생각에 혼돈이 왔다. 그러나 사는 것 자체가 다 고해라고 하신 석가모니의 말씀을 떠올리니 갑자기 이해의 폭이 넓어진 듯 마음이 한결 편해졌다.

도선사로 올라가는 많은 사람들과 앞서거니 뒤서거니 하며 사찰경내에 들어가니 축원하는 신도의 이름이 등(燈)마다 긴 명찰처럼 매달려 있는 것이 제일 먼저 눈에 띄었다. 내 이름이 없는 것이 당연한데도 공연히 명찰 서너 개를 뒤적여 보았다. 또 그 옆에 광목천을 벽에다 걸어 놓은 '낙서천'에는 기원의 내용이 이름과 함께 축원문 형식으로 쓰는 곳이 있는데, 얼마나 많은 불자들이 소원을 가득한지 빈틈이 거의 없었다.

모두들 가족의 평안을 비는 내용이었으니, 복을 바라는 그 마음들이 경내를 메우고도 남아 절 아래 펼쳐져 있는 산굽이마다 가득 넘치는 듯했다.

사람들을 헤집고 이 절에서 제일 유명한 야외법당인 참회도장으로 향했다. 도장 안에는 발 디딜 틈이 없이 많은 불자들이 염주를 굴리며 정성스럽게 절을 하고 있다. 모두 경건한 표정으로 정성을 다 해 절을 올리기에 고개가 저절로 숙여지고 나도 모르게 양손의 손바닥이 하늘을 향한다.

이곳 도선사(道詵寺)는 신라 경문왕 때 도선국사(道詵國師)가 조성하였고, 그 뒤 1962년에 청담(青譚) 대종사가 호국참회불교를 제창하면서 이 석불전이 영험 있는 기도도장으로 알려졌으며, 이 관세음석불은 높이가 20m 암벽에 석불높이 8.43미터로 몸통이 원통형으로 되어 있다. 고개 들어 한참 올려다보아야 얼굴을 볼 수 있다.

석가모니를 모신 대웅전을 지나 명부전(冥府殿) 앞뜰에 이르면 보리수 한 그루가 서 있다. 석가모니가 육체를 괴롭히는 극단적인 고행이 해탈에 이르는 방법이 아님을 깨닫고 몸을 정결히 한 후, 보리수나무 아래에서 결가부좌를 하고 깊은 선정에 들어서 깨달음을 얻은 곳이기에 보리수를 각수(覺樹)나 성수(聖樹)로 불리우고 있다. 석가는 이때부터 설법을 하며 사람들을 교화시켰으며, 40여 년 동안 여러 곳을 돌며 80여세에 이르기까지 가르침을 전하였다고 한다.

며칠 전 TV에서 석가탄신일을 맞아 준비한 '반성과 성찰의 삼천 배'라는 프로그램을 보았다. 수유리에 있는 화계사에서 부처님께 '삼천 배'를 올리는 의식이었다. 사람마다 다르긴 해도 천배를 지나면서 그들의 얼굴은 고통으로 힘들어 보였지만 시간이 갈수록 해내고 있다는 기쁨에서인지 아슴푸레하게 얼굴빛이 밝아지는 것을 볼 수 있었다. 그렇게 시시각각으로 변하는 그들의 얼굴표정을 보면서 '자신을 이겨내라'고 마음속으로 응원을 하였다. 누구든 그 모습을 보던 사람들은 그런 생각을 하였을 것이다. 대리만족을 느끼고 싶기 때문이었다.

그 프로에 참가한 그들은 사연도 갖가지였는데, 지나간 시간을 성찰한다는 의미에 맞물려 나보다는 남을 위하는 마음에 나왔다는 학생들이 인상적이었다. 남녀 대학원생인 그들은 급성신부전증으로 병상에 누워 있는 선배를 살리기 위해 모금운동도 하고, 심장의식을 위해 백방으로 뛰다가 급기야는 이 프로에 참가하여 선배를 의한 삼천 배를 올린다고 했다. 나보다는 남을 위해 지난 시간을 반성하고 선배가 살아날 수 있도록 기원을 하며 더불어 자신은 앞으로 어떤 마음가짐으로 살아야겠다는 다짐까지도 하는 어린 학생들의 마음이 아름다웠다.

나를 알아야 남의 인생에도 보탬이 된다는 생각에 새삼 모든 번뇌를 접고 마음을 일깨우는 것의 첫걸음이라는 삼천 배가 의미있게 다가선다. 그리고 이제사 대자대비의 관세음보살은 도움이 필요한 사람들을 보기 위해서 1천 개의 눈을 가졌고, 또 사랑과 자비를 베풀 1천 개의 손을 가졌다는 불교적 해석에도 가슴이 열린다.

이런 도움과 사랑, 그리고 자비를 베풀기 위해 고행을 마다 않고 애쓰는 스님들이 더러 있다. 자신을 버리고 오로지 중생들을 구제하기 위해 사는 이들은 정녕 부처님의 길로 발걸음을 옮기는 사람들이다. 어느 종교도 마찬가지지만 자신을 태워 다른 사람의 빛이 되는 신앙인들의 삶은 아름답다. 이런 희생정신에는 종교의 구별이 있을 수 없고 모두가 하나 되어 마음으로 행해지는 것이다. 또 그 빛을 받는 사람들도 언젠가는 스스로를 이겨내 홀로 서게 되고, 또 받은 만큼 아니 그보다 더 많이 다른 사람들을 위해서 살게 하기에 자비의 정신은 돌고 돌게 되는 것 같다.

푸르름이 돋보이던 산야에 차츰 어둠이 내리고 아카시 향내도 차츰 잦아들고 있다. 오늘 절을 찾은 모든 이들이 무명을 깨치는 진리의 등불로서 오신 부처님의 뜻에 따라, 깨우침의 세계에서 조금이나마 참나[我]를 찾을 수만 있다면 부처는 미소를 지을 것이다.

하루 동안 부처님의 품안에 있던 중생들이 하나 둘씩 노루꼬리만한 해를 등지고 내려오는데 법고(法鼓)가 은은히 울린다. 법고는 땅 위에 사는 모든 생명을 구하기 위해 예불 때 맨처음 울리는 북소리이다. 많은 사람들로 인해 다소 혼잡했던 머릿속이 맑아지는 것 같다.

뒤이어 하늘을 나는 새들을 제도하고 허공을 떠도는 영혼을 천도하기 위해 울린다는 운판(雲板)이 울리고, 목어(木魚)소리에 뒤이어 범종이 산야에 은은히 울려 퍼진다. "무쇠둘레 그 어둠에서 나와 다 밝아지소서." 하는 의미의 이 소리는 우이동 계곡을 휘돌아 돌면서 삼라만상의 빛과 어둠을 불러 모은다. 그래서인지 계곡에 신기(神技)가 도는 느낌이 들면서 아직 넘어가지 않은 빛이 계곡을 밝게 비추고 있는 것이 경이롭게 느껴진다.

범종소리의 여운도 가시고 사위에 어둠이 밀려오지만, 연등불빛이 따스하게 거리를 밝히고 있다.